卡爾・榮格 Carl Gustav Jung 1875-1961

著
韓翔中 譯

C. G. Jung.

榮格論心理學與宗教

CARL G. JUNG

Psychology and Religion

本書係根據 1937 年於美國耶魯大學的

泰瑞講座（Terry Lectures）內容撰寫而成

---

* 編註：1937 年「從科學與哲學的角度論宗教」系列演講，乃是由德懷特．哈靈頓．泰瑞（Dwight Harrington Terry）基金會主辦。本次演講內容之書稿，由耶魯大學在 1938 年出版，牛津大學亦在倫敦發行。後來該書由菲里西亞．富羅伯斯（Felicia Froboese）翻譯為德文，由童妮．沃爾夫（Toni Wolff）修訂譯稿，再經榮格過目，於 1940 年於蘇黎世出版，書名訂為《心理學與宗教》（*Psychologie und Religion*）。德文版增加了一些附註與補述，英文版則保留了原本演說的風格。而普林斯頓大學出版的《榮格全集》（*The Collected Works of C. G. Jung*）中可見的版本，則是由編輯群將德文版與英文版綜合修訂而成。

各界推薦

榮格定義宗教是人與「一種最高或最強價值的關係」，神就是人類心理經驗裡最強大力量的代名詞。他認為現代人的心理疾病就是人失去與最高價值和最大力量的聯繫，不管是個人還是集體的心理疾病，都可視為宗教的問題，找回與內在無意識自我的聯繫，重建個人內在靈魂的位置，是治療現代心靈困境的方法。「在眾神已經絕跡、甚至神明已淪落至聲名狼藉的年代」，他試圖用聆聽、分析夢來回應，並用諾貝爾物理獎得主包利（Wolfgang Ernst Pauli）的心理問題和夢的分析，來呈現他的觀點。

這本書裡充滿珍珠寶石，雖然它們埋在厚重的宗教學知識裡，但只要安靜、耐心地閱讀，就會發現榮格藏在文字裡的珠寶。這是榮格理論簡單又完整的呈現，更是他才華盡顯的著作。

——呂旭亞（榮格分析師・心理諮商師）

人格包含意識與無意識。無意識內容除了個人的，還有獨立自主的集體或超個人的情結（原型）。意識核心是意識自我（ego），心靈是意識與無意識共存的整體，為自性（self，上帝或神的象徵）的原型。領悟到心靈整體性並不容易，因為得承認自己不願面對的陰影（shadow）。

原型仍處無意識時，會被投射到外在客體，不斷產生情感無法抗拒的意象和經驗，出現宗教性象徵，造成不切實際的敵意、依附與理想化。原型持續投射，個體化任務在於去除投射和象徵，令意識不斷轉化，最終實現自性，趨於偉大的永恆完整。

激進者有稱榮格心理學為「心理宗教學」，榮格於本書中親身梳理脈絡，有志探求其理者，不容錯過。

——洪素珍（國立臺北教育大學心理與諮商學系副教授．榮格分析師）

榮格曾於一九一六年撰寫〈向死者的七篇佈道文〉這篇奇文，表現出對人類靈魂的深度關切，這篇作品之後被學界指認為一種諾斯替教（Gnosticism）的思想，一種被認為帶有強烈的神祕體悟之作。綜觀榮格的一生，他確實對神祕的事物尤其感興趣，從古代的煉金術、神話到冥想，都是他探索心理世界時不能迴避的領域。

無疑地，榮格所謂的「無意識」或最幽暗的「psyche」，總是以各種超越想像的形象或方式表現出來；而各個宗教傳統中的教義、象徵或異象，都可以說是與「未知的人」有關。本書是榮格最為直接且簡要說明心理學與宗教深層關係之作。

——曾慶豹（輔仁大學哲學系教授．「基督教學術叢書」主編）

在現代知識版圖中，心理學和宗教的關係非常密切，重要的心理學家往往也是宗教學的巨匠，詹姆士、佛洛姆、佛洛依德、榮格等人莫不如此，宗教與心理學的親和性源於人的心靈的奧祕，心靈內涵窮究至極，通常會碰觸到身心、天人、志氣、幽明之間的曖昧地帶。榮格比起其他的心理學家，他對身心交界處的深層無意識內涵更著迷，他的原型論、共時性原理、能動想像論，是今日的人文學科共同分享的理論。他對東方宗教的興趣與吸收，更值得我們注意，他是那個時代的宗師級人物中，極少數對偉大的東方修行傳統低首，嘗試從中汲取異域的智慧的哲人。

本書篇幅不大，但可看出榮格連結心理學與宗教這兩個領域的用心。榮格的思想當年曾引發教會騷動，同時也吸引了許多靈修人物的注意，其關鍵多少亦可從此書看出。

——楊儒賓（國立清華大學哲學所教授．《黃金之花的祕密——道教內丹學引論》譯者）

CONTENTS

【第一章】

無意識的自主性

泰瑞講座發起者之目的，似乎是希望科學、哲學以及其他人類知識領域的代表人物，能夠對於宗教的永恆問題有所貢獻。既然耶魯大學將一九三七年泰瑞講座者的光榮賦予我，我設想自己的任務應該就是說明心理學，或說我所呈現的醫療心理學（medical psychology）特殊分支，它跟宗教有何關係、或對於宗教有何意見。無庸置疑，宗教乃是人類心靈最古老且最具普世性的表達方式之一，所以很明顯地，任何涉及人格心理結構的心理學都不能不留意到，宗教不只是一種社會學或歷史學的現象而已，對許多人來說，它也是重要的人格事務。

雖然我經常被稱為哲學家，但我是一個經驗主義者（empiricist），且堅持現象學的（phenomenological）立場。我相信，一個人如果偶爾進行某種超出經驗累積或分類的反省，這並不抵觸科學經驗主義（scientific empiricism）的原則。事實上我相信，若無反省，則亦不可能有經驗，因為「經驗」是一種同化（assimilation）過程，捨此則不可能有所謂理解。從以上所述可知，我是根據科學立場而非哲學立場來處置心理問題。由於宗教有其重要的心理層面，我是以全然經驗性的觀點來處理它，也就是說，我的觀察會僅限於現象，而且我會避開一切形上學式（metaphysical）或哲學性的考量；我並不否認這些考量的有效性，但我不認為自己有能力正確地加以運用。

我觀察到，多數人相信自己了解心理學是什麼，因為他們認為心理學只不過就是對自己的認識，但恐怕心理學比他們所想的多出太多了。心理學與哲學的關係頗淺，而與經驗性事實的關係頗深，但大部分經驗性事實很難從日常經驗中得到。所以，我這本書的目的，是希望讓你們一窺實用心理學（practical psychology）面對宗教的處理方式。當然此問題之龐大，絕對不是短短三講可以處理的，因為要詳述具體細節，需要花費非常多的時間和解釋。我的第一場演講會是一個導論，介紹實用心理學與宗教的問題；第二場演講則是呈現事實，顯示無意識（the unconscious）當中具有真實宗教性機能存在；第三場演講則會探討無意識歷程（unconscious processes）的宗教象徵符號（religious symbolism）。

由於我將要呈現的論點與眾不同，我不能預設聽眾都完全了解我所表達的心理學觀點。這種觀點完全是現象學的，也就是說，它處理的是情況、事件、經驗——一言以蔽之就是「事實」（fact），在此所指的真相（truth）是「事實」

而非「判斷」（judgement）。舉例而言，當心理學談到「童女生子」（virgin birth）的主題時，它唯一關心的是「有此觀念存在」之事實，但它並不討論其他意義下「此觀念是對是錯」的問題，該觀念在心理學意義上的真實，僅僅是因為它存在。當「心理性存在」（psychological existence）只出現於單一個體心中，它是主觀的；但就其建立在公眾的共識（*consensus gentium*），即為社會所共享這點而言，則它又是客觀的。

此種觀點與自然科學相同。舉例來說，心理學處理觀念與其他精神內容（mental content）的方式，正如動物學（zoology）之處理不同的動物物種。大象是真實的，因為大象存在，大象不是某創造者的推斷、聲明或主觀判斷，大象的存在是一種現象。但是，我們已經非常習於認為：心理事件乃是出於蓄意與隨心所欲的產物，或甚至是出於人類的虛構。所以，我們很難讓自己擺脫偏見，亦即認定心理及其內容僅僅是人類的發明，或認為它多少只是假設與判斷的幻想產物。但事實上，某些觀念幾乎在所有地方、所有時代都能發現，它們甚至能夠自然而然地自我形成，而不受到人口遷移與各種傳統的限制，它們並不是由個人所創造，它們只是恰好在個人心中發生——甚至可說是強行闖入了個人的意識當中。這並不是柏拉圖式（Platonic）的哲學[1]，而是經驗性的心理學。

論及宗教，我首先必須澄清我所謂的「宗教」是什麼含意。正如這個字的拉丁文意涵，它是一種戒慎恐懼的遵從，魯道夫．奧圖（Rudolf Otto）[2]貼切地稱之為「聖祕」（*numinosum*）[3]，它是一種深具生命力的存在或現象，它不是意志的隨意活動所創造出來的東西。相反地，它凌駕且掌控人類主體，主體並非其創造者，而毋寧更接近其獵物。無論聖祕的源頭為何，它都是主體的一種不由自主的狀態。無論如何，宗教教導以及公眾的共識，總是將這種狀態解釋為是源自個人之外的原因。聖祕或者是屬於某種可見事物的性質，或者是某種不可見事物的影響力，能造就意識的特殊轉變。這可說是最基本的原則。

不過，談到宗教習俗或儀式的問題時，確實有某些例外存在。許多儀式的唯一目的，在於透過某些具有魔法性質的設計，例如各種形態的祈禱、咒語、犧牲、冥想，或瑜伽、自我折磨等等，來刻意造成聖祕效果。然而，具有外部性、客觀性神聖因素的宗教信仰，一直都是先於任何儀式而存在的。舉例來說，天主教會主持聖禮（sacrament）之目的，是為了將屬靈的祝福賜予信徒；但既然聖禮的行為無疑地也是透過巫術的程序，去強求神恩（divine grace）的降臨。因此也可以合理主張：沒有人能夠讓神恩在聖禮行為中現形，雖然如此，神恩依然且必然會降臨，因為聖禮做為一種神聖的儀式，若上帝無意支持它，祂就不會使其存在了[4]。

在我看來，宗教是一種特殊的心靈態度，可根據其拉丁文 *religio* 一詞的原意加以闡述，*religio* 意味著戒慎思量與服膺於某種動能要素，這些要素被理解為「力量」（powers），魂靈（spirits）、魔鬼（daemons）、神祇（gods）、法則（laws）、觀念、理念（ideals），或者各種人類賦予的類似稱呼，它們或者具有力量、危險、助力，必須謹慎以對，或者宏大、美麗、富有意義，使人虔心崇拜與敬愛。在非正式的口語表達中，會形容熱情地投入某種追求的人幾乎是「宗教式地投入」其目標，例如威廉・詹姆斯（William James）就曾評論[5]：科學家經常缺乏信仰，但「性情是虔誠的」[6]。

我想澄清的是，當我使用「宗教」[7]一詞時，我並不是在指「信條」（creed），不過確實所有信條的原初根基，一方面是建立於聖祕經驗，另一方面則是來自「虔信」（Πίστις）[8]，意即對於某種靈性本質的經驗以及隨之而來的意識轉變，懷抱著信任、忠誠與信心，保羅的皈依就是一個明顯的例證[9]，所以我們可以說，「宗教」一詞所指涉的是：意識受到聖祕經驗所改變，所具有的一種特殊態度。

信條乃是原始宗教經驗經過編纂與教條化的形態[10]。經驗的內容被神聖化，且通常會凝聚成一套嚴格，且往往相當精細的觀念體系。原初經驗（original experience）之實踐與重現，已經成為一種儀式與一套不可改變的制度，這並不必然意味著死氣沉沉的僵化；反之，這可能證明它是數千年來無數人們宗教經驗的有效形態，且此過程中並無出現任何亟需改換的必要性。雖然天主教會會長久以來被批評為執拗嚴厲，但它依然承認信條是一種活生生的事物，因而是可以有所變化與發展的。甚至連教規之數量也並無限定，可以隨著時間推展而擴張。在儀式方面，情況也是如此，然而儀式的所有變化與發展，都被限定在原初經驗事實的架構當中，由此建立一種特殊的信條內容與情感價值。就算是基督新教（Protestantism），它雖顯然放棄了信條傳統與教典化之儀式，讓自身走向不受限制的解放，因而分裂成超過四百個教派，但即使如此，基督新教至少肯定還是「基督教的」（Christian），它仍然是在上帝啟示自身為基督，為人類受難的架構之下進行表述。這是一個確定的架構，有其確定的內容，不能以佛教或伊斯蘭教的觀念或想法加以融合或增添。然而，無可置疑的是，宗教性現象（phenomena）的代表，不僅僅是佛陀、穆罕默德、孔子、瑣羅亞斯德（Zarathustra），也包括米士樂（Mithras）[11]、阿提斯（Attis）[12]、希柏莉（Kybele）[13]、摩尼（Mani）[14]、赫密士（Hermes）[15]，以及異國宗教的各種神祇。心理學家若想採取科學態度，就得忽略這些信條對自身獨一無二且為永恆真理的宣稱；心理學家必須將目光放在宗教問題的人類層面，因為他所關心的是原初的宗教經驗，而原初經驗本身，與根據它所造出的信條，兩者其實頗為不同。

身為神經與精神疾病領域的醫生與專業人士，我的出發點並非信條，而是「宗教人」（*homo religiosus*）的心理學，人會思量且謹慎遵循某些要素，這些要素會影響他，進而改變他的整體情況。根據歷史傳統或民族學的（ethnological）知識來將這些要素加以命名或定義，其實很容易，但要從心理學立場做到同樣的事情，則會是極其艱難的一項任務。我能夠對於宗教問題有所貢獻之處，完全是基於我面對病患及所謂「正常人」的實務經驗。由於我們與人相處的經驗，有很大部分取決於我們與他們的關係，所以，要繼續談下去，我就必須先向你們大致描述一下我在專業工作上所持的整體原則。

由於每一種精神官能症都與人們最私密的生活相關，當病患要完整交代自己最初致病的背景與複雜狀況時，自然總會有些猶豫。但是，為什麼他不能夠自在地傾訴呢？為什麼他會害怕、害羞或顯得如此拘謹呢？原因在於，他「謹慎地遵循」某些外在要素，而這些外在要素加在一起，便形成我們所稱的輿論、體面或名譽。而即便病患信任他的醫生且不再感到害羞，他仍不願或甚至害怕承認關於**他自己**的某些事，彷彿對自己有所自覺是件很危險的事情一般。人經常會害怕那些看起來極為強大的事物，但是，難道一個人的內在之中，會有什麼事物比其自身來得更強大嗎？我們不應忘記，所有精神官能症都牽涉相應程度的精神低落（demoralization），如果一個人患有精神官能症，代表他喪失了自信，精神官能症是一種羞辱性的失敗，若這個人並非對自身心理全無意識，他便會感覺到這一點。這個人被某種「不真實」（unreal）的事物給擊垮了。在很久以前，醫生們可能會向病患保證：他的問題根本沒什麼，因為他並不是受到真實的心臟疾病或癌症的痛楚折磨，他的症狀很高程度是想像性的。當病患愈加相信自己是個「幻想得病者」（*malade imaginaire*）[16]，他整個人愈會感到徹底的自卑。他會說：「如果我的症狀是想像出來的，我是從哪裡搞出這種該死的想像，而我又為什麼應該忍受這煩人之極的東西？」倘使一個聰明人用幾乎哀求的態度信誓旦旦地告訴你，他受到腸癌的折磨，卻馬上又用沮喪的聲調跟你說，他當然知道自己的癌症完全是幻想出來的，這實在是很可悲的事情。

我恐怕得說，吾人一般關於心靈（psyche）的物質性概念[17]，在精神官能症的案例上並沒有特別的助益。除非靈魂是被賦予了一個靈身（subtle body），我們才至少能說這種如氣（breath-）或汽（vapour-）一般的身體，是被某種真實但又彷若無形的癌症所折磨，正如物質性的身體會產生毛病一樣。這樣子，至少還有某種真實性存在。因為如此，醫學界對於任何心理或精神性質的事物懷有強烈敵意——身體要嘛患病，要嘛沒病，如果你不能證明身體真的生病了，那不過是因為當前的技術，對於這些無疑是生理組織性的麻煩，尚無法成功讓醫生找出問題的真正性質。

但是，說實在的，心靈究竟是什麼呢？物質主義式的偏見僅將其解釋為大腦組織作用過程附屬現象的（epiphenomenal）副產物，從而認為任何心理混亂都必然屬於組織性或物理性失序，其之所以無法被發覺，只是因為我們目前的診斷方法不夠充分。心理與大腦之間無可否認的關連，使該觀點獲得了一定程度的分量，然這仍不足以證明它是不可動搖的真理。我們並不知道，在精神官能症的案例當中，是否真的存在大腦組織作用過程的干擾，而即便果真存在內分泌性質失序的情況，也無從證明它們究竟是原因還是結果。

在另一方面，不容懷疑的是，精神官能症的真實原因是心理性的。在不久之前，單單透過坦承告白的方法，就能緩解組織或生理失序，尚是一件難以想像的事。不過，我就曾經看過一個歇斯底里式發燒（hysterical fever）的例子，案例體溫高達三十九度，而在他在坦承告白自己的心理因素之後，在短短幾分鐘之內便恢復了。此外，我們又該如何解釋，某些明顯屬於生理方面的疾病，卻能單單透過談論某些造成痛苦的心理衝突，便有所改變、甚至痊癒呢？例如，一名患有乾癬的患者，其病症幾乎擴及全身，而經過六週單純針對病患心理難題的密集分析與談話後，他的皮膚病幾乎完全消失。在另一個案例當中，該病患剛經歷結腸膨脹的手術，結腸有四十公分被截除，但隨後他的結腸竟又出現了另一巨大膨脹，該病患感到非常絕望且拒絕二次手術，儘管外科醫生認定手術極有必要；結果，當某些私密的心理事實被發現之際，他的結腸再度開始正常運作。

這類絕非罕見的經驗，使我們很難相信那些聲稱心靈不算什麼、或認定想像性事實缺乏真實性的說法。只能說，這些並不是眼光短淺的心智會加以探索的。心靈確實存在，只不過不是以物質形式存在，若我們假設存在只能是物質性的，那可真是荒謬的偏見啊！事實上，我們可以立即認識的唯一存在形態，正是心靈的存在。相反地，我們大可以說：物質性的存在其實才是推論得到的結果，因為我們對於物質的認識，都是基於感官所認知到的心理意象（psychic image）。

當我們遺忘這個簡單但基本的事實時，我們就必定是大錯特錯。即便精神官能症的原因除了幻想以外，再無其他，它依然是個極為真實的事物。如果有個人幻想我是他的頭號敵人，然後把我殺了，我就是由於這純粹的幻想而死，幻想確實存在，它們的真實性、傷害性或危險性，與物質條件並無二致。我甚至相信，心理方面的危險遠比流行病或地震更為可怕，即使是中古時代的淋巴腺鼠疫（bubonic plague）[18]、或天花，它們所奪走的人命都還不如一九一四年的意見分歧或俄羅斯的某種政治「理念」[19]來得多。

雖然因為缺乏外在的「阿基米德支點」（Archimedean point），以致我們的心智無法了解自身的存在形態，但心靈還是存在的。心靈不只存在，它甚至就是存在本身。

那麼，我們該怎麼跟病患談及幻想的癌症呢？我會跟他說：「是的，吾友，你確實受苦於一項類似癌症的事物，你確實窩藏了足以致死的邪惡。雖然如此，它不會殺死你的肉體，因為它是幻想出來的，但它終究會殺死你的靈魂。它已經損害甚至毒害了你的人際關係、你個人的幸福，它還會繼續茁壯，直到完全吞噬你的精神存在。所以，最終你將不再是一個人類，而是一個肆虐的惡性腫瘤。」

顯然，就我們的病患而言，他並不是自己病態想像的始作俑者，雖然他在道理上必定會認為，這些想像確實是他所擁有、創造的。若一個人患有真正的癌症，他絕對不會相信自己必須為這一惡病負責，雖然事實上癌就在他的身體裡；然而，一旦論及心理問題，我們立刻就會感覺到某種責任，好像我們就是自身心理狀態的創造者。這種偏見是屬於相對近期的產物，在不久以前，即使是教養程度極高的人，都相信心理媒介（psychic agency）可以影響我們的心靈或感覺，鬼魂、巫師、巫婆、惡魔、天使甚至神祇，都會造成人類心理的某種變化。在更早的時代，一個癌症患者的想法大概更會和現代人頗為不同，他或許會設想有人向他施展巫術，或者自己被附身了，他絕對不會認為自己就是此種幻想的發起者。

事實上，我認為他的癌症是一種自然形成的產物，源起於他的心理有某些部分無法與意識相符一致，這似乎是一種會侵犯意識的自主發展。從意識層面而言，人們可能認為這種癌症是我們自身的心理性存在，但它其實具有**其自身**的心理性存在，獨立於我們之外。這項主張似乎完全說明了我們可以觀察到的事實。若我們將此案例訴諸聯想實驗（association experiment）[20]，將很快發現人們其實不是「一家之主」，他的反應會受到獨立入侵者的延遲、改變、壓抑或取代。這時，會有許多刺激字詞（stimulus-words）是他的意識意圖所不能回答的，這些字詞會被某些獨立性的內容所回答，而這些內容經常是他本人無法意識到的。當某個刺激字詞觸及某種連繫至隱藏情結（complex）的東西，意識自我（conscious ego）就會受到來自情結的回答所干擾、甚至被取代，彷彿情結本身是一個獨立自主的存在，能夠影響自我的意向與意圖。情結的作用，正如第二人格或部分人格，有其自身的精神生命（mental life）。

許多情結會自意識中分離出來，因為後者希冀以壓抑的方式擺脫前者。但除此之外，還尚存在未曾處於意識中，所以也不可能被意識任意壓抑的情結，它們從無意識中生出，以其古怪且無懈可擊的信念與衝動入侵意識。我們的病患屬於後面這一類，雖然他富有教養及聰明才智，卻受到某種事物的糾纏或把持，成為一個無助的受害者。他完全無法對抗自己病態觀念的邪惡力量，此力量就像癌症一般在他體內蔓延。直至某日，這個觀念現身了，且自此它便牢不可破，病患僅有某些短暫片刻能夠解脫。

此等案例的存在，在某種程度上，確實解釋了為什麼人們害怕對自我產生自覺意識。在這背後確實有些什麼東西——但人永遠不會知道——所以人們傾向「小心地思量並觀察」其意識以外的因素。關於無意識的可能內涵，多數人擁有某種原始的「迷信」（δεισιδαιμονία）。在一切自然的害羞、羞恥與言行得體之下，存在一種對未知的「靈魂危難」（perils of the soul）的祕密恐懼。當然，人們不情願承認這種荒謬可笑的恐懼確實存在。但人們應該了解，這種恐懼絕非不可證明；正好相反，它是極有根據的。我們永遠不能確定，會不會突然有個新念頭襲上我們或鄰居的心頭，我們從現代史與古代歷史當中認識到，這種念頭經常頗為奇特，甚至怪誕，因此並非所有人都能認同。結果是：持異議者——無論他們多麼具有善意或理性——全被活生生燒死、或斬首、或者在大庭廣眾下被更現代的機關槍處決。我們甚至不能自我安慰道：這些事情都屬於遙遠的過去。很不幸地，這些事看來不只屬於現在，更可能還屬於未來。「人對另一人而言是狼」（*Homo homini lupus*）一語令人沮喪，卻是永恆不變的真理。確實有充分的理由，足以讓人們恐懼潛伏在無意識之中的非人力量。我們很幸福地沒有意識到這些力量，因為它未曾或幾乎不曾在個人關係或一般情況下出現。然而，若人們聚集起來形成群眾，「集體性的個人」（collective man）的動力——人人心中沉睡的野獸或惡魔——便會失控，直到人完全成為群眾的一份子。身處群眾中的人，會無意識地下墜至較低劣的道德、知識層次，此層次其實一直都存在，其處於意識的界線之下，隨時準備在群眾形成時啟動並衝出界線。

我認為，將人類心理視為純粹的個人事務，且以個人觀點加以解釋，乃是致命性的錯誤。此種解釋模式，只適用於日常的事務和關係之上。然而，倘若出現了一些小麻煩，比如某種未見或不尋常的事件，本能的力量會即刻受到呼喚，這些力量是完全無法預期、前所未見且奇怪的。這股力量無法用個人動機來加以解釋，只有某些原始的事物差可比擬，諸如對日蝕的恐慌等等。要用戀父情結（father-complex）來解釋布爾什維克黨（Bolshevism）[21]的殘殺行徑，在我看來很明顯是行不通的。

集體力量逆襲所造成的性格改變非常驚人，它可以將一個溫文理性的人變為狂人或禽獸。人們總是傾向歸咎於外在環境，但倘若我們心中不存在那種東西，那也沒有什麼東西會在心中爆發。事實上，我們一直住在火山邊緣上，而據目前所知，沒有任何人類的防護措施可以保護我們免於火山爆發，它可能摧毀所及的每一個人。當然，提倡理性與常識是件好事，但若你面對的就是一間精神病院，或者陷入集體瘋狂的群眾呢？這兩者之間沒有什麼差異，因為瘋子和暴民都是受到非人、強大的力量所驅使。

事實顯示，僅僅一個精神官能症，就足以喚起理性手段無法處置的力量。我們的癌症病患案例反映出，人的理性與才智在抵抗最明顯的無理情況時，是多麼地無能為力。我總是建議我的病患，將這些顯而易見卻無法戰勝的無理情況，視作一種他尚未了解其意涵的力量顯現。經驗告訴我，嚴肅看待這些事情並尋找合宜的解釋，會是比較有效的做法。然解釋若要適切，就必須建立一個與病態作用相符的假設。我們的病患正在面對一種意志與暗示的力量，該力量大過他的意識所能對抗。在此等危境當中，糟糕的策略是試圖說服他：透過某種方式——即使是最不可理解的方式——在背後祕密地創造或支持其症狀的人，正是他自己。這種暗示會立即癱瘓病患的奮鬥精神，他會馬上喪失士氣。比這好得多的做法是：讓病患了解他的情結是種獨立的力量，該力量正在對抗他的意識人格。同時，這種解釋比起將一切簡化為個人動機的說法，也更切合事實。某種明顯的個人動機確實存在，但這並非他的意志所造成，它就是在他身上發生了。

在古巴比倫（Babylonian）史詩中，吉格彌斯（Gilgamesh）的自負狂妄違逆了神明，神明們於是創造出一個與吉格彌斯力量相當的人，來壓制這位英雄的逆天壯志。近乎相同的事情發生在我們的病患身上：他是一個思想者，他活在——或始終準備活在——一個由他的智力與理性所統攝的世界上。其雄心壯志成功地塑造他的個人命運，他強迫所有事情都屈服於自己不可動搖的理性法則，但自然本性卻在某處逃開，而後以復仇之姿歸來，也就是癌症幻想這種無可克服之無理形態。這就是無意識的精巧裝置，用無情而殘酷的繩索將他牽制住。這對於他的一切理性觀念，以及他對於人類意志主宰性的信仰來說，是最為慘烈的打擊。這等執念只會發生在一種人身上，這種人習慣濫用理性與才智，將之用在自我中心的權力目的上。

然而，吉格彌斯逃脫了眾神的報復。他做了許多具有警告意味的夢，並且對此相當注重。這些夢向吉格彌斯諭示該怎樣克服他的敵人。而我們的病人處在眾神已然絕跡、甚至神明已淪落至聲名狼藉的年代，雖然他也做了夢，但他卻不願加以聆聽。一個理智的人怎麼可以迷信到認真看待夢境的地步呢！這種對於夢境的普遍偏見，是人們嚴重貶抑人類靈魂價值的症狀之一。科學與科技的驚人突破，在另一方面被這種智慧與內省的駭人匱乏所抵銷。的確，我們的宗教教導靈魂不朽；然而對於實際的人類心靈卻鮮少談論，好似若不是神恩的特殊作為，人類心靈就會受到永恆的天譴。這兩項重要因素，乃是人們普遍貶抑心靈的主要原因，但並非全部。比這些相對近代的發展遠為古老者，則是對於所有接近無意識之事物所產生的原始恐懼與敵意。

意識在一開始必定是種非常不穩定的事物。我們依然可以在較原始的社會裡，觀察到人是多麼容易喪失意識。舉例來說，「靈魂的危險」之一，就是靈魂的喪失（lost of soul）[22]，此種情況乃是部分精神再度變成了無意識狀態。另一個例子則是狂暴（amok）狀態[23]，類似於日耳曼傳說中的「狂戰士」（berserk）[24]。這大約屬於一種深度催眠狀態，經常伴隨著毀滅性的社會作用。即便只是一般的情緒，都可能造成嚴重的意識喪失。所以，原始民族珍惜各式詳盡的禮節，他們輕聲細語、把武器放下、蹲伏著、頭低低的、以手心示人。即使是我們現代人自己的禮節，依然對於可能的心理危險顯示出「宗教性」的遵從。在握手的時候，把左手放在口袋中或者藏在背後，並不是良好禮貌的表現。若你特別想要表示勸解、撫平之意，你要用雙手去握。在有權勢的人物面前，我們會鞠躬彎腰，我們朝向對方的頭沒有覆蓋物，換句話說，我們獻上了自己毫無防護的頭，以討好這位——可能很容易突然陷入無法控制之暴戾狀態的——權威人士。而原始民族在跳戰舞（war dance）的時候，可能會興奮到嗜血傷人的地步。

原始民族的生活中，必須時時提防四下潛伏著的心理危機，減少危險的企圖與做法為數頗多。禁忌領域（tabooed area）便是此一事實的外部證據。不可勝數的禁忌乃是劃定的心理區域，被嚴謹而戒慎恐懼地遵守著。我犯過一次很糟糕的錯誤，當我在埃爾貢山（Mt. Elgon）南面與一個部落相處時[25]，我想要詢問我經常在樹林中所遇到的鬼魂之屋，因此在某次談話場合中，我提及「賽拉特尼」（seleteni）——意思是「鬼魂」——一詞。瞬間所有人都靜默下來，並表現出難受的窘迫，他們將視線從我身上移開，因為我大聲講了一個應當避諱的詞彙，而這將引發極大的危險。我不得不改變話題，以便讓談話進行下去。在場的人向我保證：他們從來沒做過夢，做夢是酋長與醫人的特權。醫人接著向我坦承：他已經不再做夢，因為他們現在已經有了地區專員（District Commissioner）。他說：「自從英國人來到這個地方，我們就不再做夢了。地區專員通曉戰爭與疾病的一切，他還知道我們必須住在哪裡。」他之所以做出這段詭異的說明，是由於在從前，夢境乃是最高的政治指引，夢是「孟古」（mungu）的聲音[26]。因此，一個普通人若聲稱自己也會做夢，是相當不智之舉。

夢是「未知者」（the Unknown）的聲音，夢以新盤算、新危險、犧牲、戰事及其他的麻煩事帶來威脅。有個非洲黑人曾經夢到他的敵人把他抓起來活活燒死。隔天，他召集親戚並懇求他們放火燒自己，而親戚們只同意把他的腳綁起來並點火，他當然受了傷而成了嚴重瘸腳，但他躲過了他的敵人[27]。

大量信條與儀式的存在，其唯一目的就是形成防禦，抵抗出乎意料且危險的無意識趨勢。夢乃是上天的聲音與訊息，但夢又是沒完沒了的麻煩根源，然而奇怪的是，這事實上並不困擾原始民族的心靈。我們仍然可以在猶太先知（Jewish prophet）的心理學中明顯地看出這種原始殘跡[28]。先知們經常遲疑是否要聆聽那道聲音，而我們必須承認，要虔誠之人如何西阿（Hosea）為了遵從上帝旨意而娶那個蕩婦為妻[29]，這實在是蠻困難的。自從有人類以來，人就有一種顯著的傾向，要以確切的形式與律法來限制難以駕馭而獨斷的「超自然」（supernatural）影響。此種程序在歷史中持續發展，伴隨各種儀式、制度、信條孳孳叢生。過去兩千年來，我們發現基督教教會的體制擔任了這些超自然影響與人類之間的中介與保護功能。舉例來說，中古時代的宗教著作也不否認神意灌注可能發生在夢中，但這種觀點並不受到鼓勵，而且教會保留該啟示

（revelation）是否為真的決定權[30]。雖然教會認可某些夢確實來自上帝，但教會又不願意、甚至是強烈反對任何認真探討夢境的做法，儘管他們承認某些夢境實是立即的啟示。所以，至少由此觀點看來，近幾百年來的精神態度轉變，教會並不是全然反對的，因為這一轉變有效打擊了前述那種深入思考夢境與內在經驗的內省態度。

基督新教已經拆除了許多由教會謹慎樹立的牆，並隨即遭遇了個人啟示的崩解及教派分裂的結果。教義與儀式是基督教以及其他宗教經驗的特殊典型。一旦教義的圍籬被拆毀，一旦儀式失去有效性的權威，人們便要在沒有教義或儀式的保護或指引之下，自己去面對內在經驗。整體上，基督新教失去了一切教義的良好庇蔭：彌撒、告解、大部分的禮儀，以及司鐸在獻祭上的重要意義。

我必須強調，這些言論並非價值判斷，我也無意這麼做，我只是在陳述事實。基督新教強化了聖經的權威，以做為教會權威喪失的替代品。但正如歷史所顯示的，人們可能會用各種方式來詮釋聖經。對新約進行科學性的評論，在強化這部神聖作品的神聖性上並沒什麼幫助。此外，事實上在所謂科學啟蒙

（scientific enlightenment）的影響之下，大量受過教育的人們不然就是離開教會，不然就是對教會漠不關心，如果這些人只是頑固的理性論者或神經質的知識分子，這還沒什麼值得遺憾的，可是，他們之中有許多人是有宗教信仰的，他們只是無法同意現存的信條形態。若非除此，便難以解釋為何布克曼（Buchman）運動正是對於受過教育的新教徒階層有如此顯著的效果[31]。天主教徒若離開教會，經常會祕密或公開表現出無神論（atheism）傾向，但若是新教徒離開教會，他——若有可能的話——則會搞派系運動。天主教的絕對主義（absolutism）似乎導致離開者會有同樣絕對的否定，而新教的相對主義（relativism）則可以容許變異。

人們或許會想，如果只是為了要解釋一般對於夢境與個人內在經驗的偏見，我談基督教歷史已經扯太遠了。但是我剛剛所講的，同樣可能是我與我們的癌症病患對話的部分內容。我告訴他：最好認真看待自己的執念，而不是將其貶為病態的一派胡言。但是若要認真看待它，那就代表要承認它是診斷訊息所反映出的某種事實，亦即心靈真正存在，且在心靈內部出現了一種如同癌症孳生的麻煩。病患一定會問：「但是，這孳生的東西是什麼？」而我會回答：「我不知道。」因為我真的不知道。雖然，正如前述，它肯定是某種補償性或補充性的無意識發展，目前尚不明其特性或內涵，它是無意識心靈的自發性展現，其所根據的內容，在意識當中是找不到的。

我的病患現在非常好奇，我要怎麼著手探究這些組成執念根源的內容。冒著讓他嚇昏的風險，我接著告訴他：他的夢境會提供我們所有必需的資訊。我們會將它們視為從一個有心智的、有目標的人格源頭所發出的訊息。這當然是個大膽的假說，同時這也是種冒險，因為我們將會給予一個不受信賴的實體極高的信任，而光是這個實體的存在本身，依然被頗多當代心理學家以及哲學家所否認。我曾向一位有名的人類學家展示我的方法，他做出很典型的評論：「這些確實都很有趣，但也很危險。」是的，我承認，這是危險的，然精神官能症也是一樣危險。若你希望治療精神官能症，你就必須冒某種風險。我們已經十分清楚，沒有風險的嘗試，真的沒有效果。癌症手術同樣也充滿風險，但卻是必須的。為了達到更佳的理解，我經常建議病患，將心靈想像成靈身，而那無形的腫瘤就是在裡面生長。但人們懷著偏見深信：心靈是無法想像的，所以心靈必然是比空氣還輕，或者它是邏輯概念的哲學系統，這類偏見是如此根深蒂固，以致於當人們對於某些內容缺乏意識時，他們就假設那些東西不存在。人們既不相信也不信任意識之外的心理功能，他們認為夢境就只是荒謬而已。在這樣的情況下，我的建議喚起了最糟糕的質疑。事實上，我已經聽過所有你能想到的千奇百怪的論點，用來反對夢的朦朧幽靈。

然而，我們甚至不必進行深入分析，便能發現在夢境當中也存在與聯想測驗所確認者同樣的衝突與情結。更有甚者，這些情結也構成了現有精神官能症的重要部分。所以，我們有理由相信，夢境所能提供我們關於精神官能症內涵的資訊，至少和聯想測驗一樣多——而事實上是更多。症狀就像是地面上萌生的嫩芽，但主植物其實是在地底蔓生的根莖。地下根莖所代表的，就是精神官能症的內容；它是情結的、症狀的、夢境的母體。甚至，我們有充分理由相信，夢境精確地反映出心理的地下作用歷程。倘若我們能到達彼處，我們就會找到疾病的「根源」（root）了。

我無意進一步深究精神官能症的精神病理學，我打算再舉另一個案例，以揭示心靈內部的未知事實，以及其組成為何。這案例中的做夢者也是一位知識分子，擁有優秀的智識與學問，他患有精神官能症狀並向我求助，因為他覺得自己的精神官能症日益壯大，且正在緩慢但肯定地削弱他的精神狀態。幸好，他的知識完整性還沒受到戕害，他還能自由運用自己出色的智力。因此，我給予他一項任務，那就是觀察並記錄自己的夢境。我並沒有向他分析或解釋夢的內容，直到非常後期我們才開始進行解析。所以，我接下來要展示的夢，是在完全沒受到干涉的情況下所記錄的，它們顯示出未受影響的、自然的系列事件。這位病患從沒讀過心理學，更遑論分析心理學了。

由於這整個系列包括四百多個夢，我不可能在此描述整份資料；但是我選出了其中七十四個包含特殊宗教興趣動機的夢，並予以出版[32]。應該說明的是，做夢者——因為所受教育的緣故——是個天主教徒，然他已經不再躬行，也對於宗教問題不再有興趣。他屬於那種若被說成有任何宗教觀點，就會感到非常驚訝的知識分子或科學家。若主張無意識心靈是獨立於意識之外的心理存在，且對於某些夢境具有宗教特徵的這個想法並無誤解，那我們這個做夢者的案例應該會特別有趣。而若只強調意識心靈本身，不接受無意識的存在有其獨立性，那就來看看這些夢境材料是否源自於意識內容，這也同樣很有意思。若事實支持夢境包含無意識那一方的假說，人們就可以將夢境當作一種資訊來源，用來了解無意識心靈可能具有的宗教性傾向。

人們不能期待夢境明白地以我們所知道的方式呈現宗教。在四百個夢當中，僅有兩個明顯涉及宗教。現在我要提供做夢者親手記錄的文本內容：

有很多間類似戲院、某種舞台場景的房子。有人提到了蕭伯納（Bernard Shaw）的名字，還有人提到接著要演出之戲劇，內容是關於遙遠的未來。其中有間房子特別突出，上頭的招牌寫著：

「這裡是普世的天主教會。

它是上帝的教會。

任何認定自己是上帝之工具者，都可以進入。」

下方有小字寫著：

「教會是由耶穌與保羅建立」

——好像是在自我標榜這棟建築年代多麼悠久似的。我對我的朋友說：「咱們去瞧瞧。」他回答道：「我不能了解為什麼這麼多人要聚在一起以獲得宗教感受。」但是我說：「你是新教徒，你永遠不會了解的。」有個女人在點頭表示同意。此時，我發現教堂牆上貼了一張單子，其內容如下：

「戰士們！

當你感覺自己置身於上帝的力量之下，就要避免直接對神說話。靠言語是無法接近上帝的。我們也要迫切呼籲你們，不要沉溺於探討上帝的性質，這將會徒勞無功，因為任何重要、有價值之事物，都是不可言喻的。

簽名者：教皇……（該名字無法辨認。）」

現在我們進入了教堂，那裡頭更像一間清真寺而不是教堂，事實上，它特別類似聖智堂（Hagia Sophia）。裡面沒有椅子，這製造出很棒的空間效果，裡面也沒有圖像，牆上只有裝框的字句（就和聖智堂內部的狀況一樣）。其中一句的內容是：「不要諂媚對你施恩的人。」剛才點頭同意我的那個女人開始哭泣，接著說：「這樣的話，就什麼都不剩了。」我回覆道：「我覺得這樣完全沒問題。」但她消失了。

起初我面對著一根擋住景觀的柱子，然後我移動位置，看到一群人在我面前。我不屬於他們，我孤獨地站著，但我能清楚看見他們，也能看見他們的面容。他們宣布：「我們承認我們處在上帝的力量之下。天國就在我們自身之中。」他們以極為肅穆的方式重複此語。接著管風琴演奏了巴哈的賦格，唱詩班開始高歌。有時候只有音樂在演奏著，有時候會重複一句話：「其餘一切事物都是紙。」意思是，它不會產生活生生的印象。

當音樂演奏完畢，第二部分的儀式開始了，正如學生會議的傳統，討論完重大事務之後，會後接續的就是聚會的歡樂時分。在場有沉靜且成熟的人，有一個人走來走去，其他人聚集談天，彼此歡迎，在場備有來自主教級神學院的酒，以及其他種類的飲料。在舉杯敬酒的儀式中，有個人祝福教會能有良好的發展，然後廣播擴音器播放起雷格泰姆（ragtime）風格旋律，重複著副歌：「現在查理也加入遊戲了。」這似乎是在表達社團加入新成員的歡樂。一位司鐸向我解釋道：「這種毫無意義的娛樂，是受到正式承認及認可的。我們必須稍微改變，以適應美國人的做法。如果你和我們一樣必須與大眾打交道，這就是不可避免的。我們在原則上與美國教會不同，我們珍惜極端反禁慾的取向。」此時我醒了過來，感覺鬆了一口大氣。

如你們所知，世上已有許多關於夢境現象學（phenomenology）的作品，但處理夢境心理學的則很稀少。原因很明顯，因為此事相當棘手且風險極高。佛洛伊德勇敢地根據他從精神病理學領域蒐集而來的觀點，闡明了錯綜複雜的夢境心理學（dream psychology）[33]。雖然我十分敬佩他的嘗試及膽識，但我卻不能同意他的方法及其成果。他將夢解釋為建築的正面（façade），其後方有某些東西被細心地隱藏起來。無疑地，精神官能症患者隱藏了不愉快的事物，或許隱藏的跟正常人一樣多。然而嚴肅的問題是：這一範疇是否可以應用在像夢這樣尋常而具普世性的現象上。我懷疑，我們是否可以假設，夢除了它表面上的樣子之外，其實還是別的東西。我更傾向引用另一個猶太權威，即《塔木德》（*Talmud*）的說法：「夢就是它自身的詮釋。」易言之，我將夢視為理所當然。夢是如此困難而複雜的課題，我不敢對它可能的機巧做出任何假設。夢屬於自然事件，而這世上沒有任何理由足以讓我們假設，夢境是某種引領我們迷路的狡猾設計。夢境出現於大部分意識及意志消失的時候。它似乎是自然的產物，即使沒有精神官能症的人也會做夢。此外，我們對於夢的心理學所知甚微，所以當我們引介外界因素來解釋夢境本身時，再小心也不為過。

基於以上諸理由，我主張我們的夢境確實言及宗教，而且夢本身確有此意。由於夢境非常細緻且一致，這就暗示著某種邏輯與某種意圖，也就是說，無意識之內有種動機是先於夢而存在，並在夢境內容中找到了直接的表達方式。

那個夢的第一部分是一段支持天主教會的嚴肅陳述，宗教屬於個人經驗的新教觀點，在此被做夢者所否定。夢的第二部分更加怪誕，顯示教會改採明確的世俗性觀點，夢的尾聲是一支持反禁慾傾向的聲明，而該言論不是現實中教會所贊成者，但夢中那位反禁慾的司鐸將此視為一個原則問題。屬靈化

（spiritualization）與昇華（sublimation）是基督教的重要原則，任何相反的要求都是瀆神的異端主張。基督教從來不是世俗性的，它也不曾對於好酒美食表示鍾愛，而將爵士樂引入宗教崇拜，其是否具特殊價值更是極為可疑。其中「沉靜、成熟」的人物，徘徊地彼此以近乎伊比鳩魯式（Epicurean）風格交談，令人想起古代的哲學理想，而這正是當代基督教所厭惡者[34]。而在此夢的第一與第二部分當中，群眾的重要性都被強調了。

所以，天主教會雖然在夢中備受推崇，但它似乎搭上了奇怪的異端觀點，無法與基督教的基本態度相調和。真正的不可和解性在夢中並沒有出現。這件事情可說是被一種「舒適」（*gemütliche*）的氛圍所掩蓋住，在此氛圍當中，危險的差距被模糊、混淆。基督新教看待個人與上帝關係之觀點，被群體組織及相應的集體宗教感受所壓倒。對於群眾的強調，以及對異教觀念之堅持，尤其呼應了現實中在歐洲發生的事情。所有人都對於現代德國的異教主義（paganism）感到納悶，因為沒人知道要怎麼詮釋尼采的戴奧尼修斯式（Dionysian）經驗。而尼采只不過是這類當時還未出現的數百萬德國人之一，在第一次世界大戰期間[35]，戴奧尼修斯的日耳曼表親奧丁（Wotan）在這些德國人的無意識中發展[36]。在我所治療過的德國人的夢中，我清楚地看見一場奧丁式革命（Wotanistic revolution）即將上演，我在一九一八年曾發表一篇文章，其中業已指出這種特殊的新發展將會在德國出現[37]。那些德國人絕對不是那種會研究《查拉圖斯特拉如是說》（*Thus Spake Zarathustra*）的人，那些開始執行異教羊隻犧牲的年輕人，當然也對尼采的經驗一無所知[38]，所以他們稱自己的神祇為奧丁而非戴奧尼修斯。在尼采的傳記當中，你將會發現無可質疑的證據，顯示他所指的神祇確實就是奧丁，但是身為一個活在一八七〇、一八八〇年代的語言學家（philologist），他將此神祇稱為戴奧尼修斯。而從比較的立場看來，這兩位神祇確實有許多共通之處。

我這位病患的整場夢之中，顯然並無反對集體感受、群體宗教及異教主義之處，除了那個很快閉嘴的新教朋友之外。於此僅有一有趣的事件值得吾人關注：那就是起初贊同對天主教的讚頌，接著卻突然啜泣的不知名女人，她說完「這樣的話就什麼都不剩了」之後，就完全消失無蹤了。

這個女人是誰？對於做夢者而言，她是模糊且未知的人，然而在做這個夢的時候，做夢者已經對她很熟悉，因為這個「不知名女人」已經頻繁地出現在他先前的夢裡。

因為這個人物在夢境中扮演很重要的角色，所以它有一個術語，稱做「阿尼瑪」（anima）[39]，這是基於從已記不清的久遠以來，人類神話總是表現出男、女二性同時存在於一身體中的概念。這種心理直覺經常是以神聖連結（Syzygia）、神聖一對、或創造者雌雄同體（hermaphroditic）性質之形式投射出來[40]。安娜．金斯佛德（Anna Kingsford）的傳記作者愛德華．麥特蘭（Edward Maitland），他在我們這個時代將內在經驗與神明的雙性本質相連結[41]，接著出現了赫密士派（Hermetic）哲學與其雌雄同體，及其亦雄亦雌（androgynous）的內在之人[42]，這個「亞當米克斯人」（homo Adamicus）雖然「以男性形體顯現，卻始終帶著他的女人夏娃（Eve），隱藏在他的體中」，正如《赫密士黃金契約》（*Hermetis Tractatus Aureus*）的一位中古時代評論者所言[43]。

阿尼瑪大約是少量女性基因存在男性身體的心理表現，這種角色在女性無意識的意象中並不能找到，使前述判斷的可能性更加提高。然而，有一個相應的人物扮演同等的角色，但這並不是女性形象而是男性，女性心理學當中的男性角色被稱為「阿尼姆斯」（animus）[44]。這兩種角色最典型的展現之一，長期以來被稱為「敵意」（animosity）。阿尼瑪導致不合邏輯的心情，而阿尼姆斯會造成惱人的問題與不理性的意見，這兩者都是夢境的常客。原則上，它們將無意識給人格化，並賦予其尤為令人厭惡且反感的性格，無意識本身並沒有這種負面的素質。這種負面素質只會在無意識被這些角色人格化時出現，然後開始影響意識。由於它們僅是部分的人格，其角色或為次等的女性、或為次等的男性，因此造成了其討厭的影響力。一個有此經歷的男人，會受到難以解釋的心情所控制，一個女人則會變得愛爭辯，而且會發表離題的意見。

在這個教會夢境中，阿尼瑪全然的負面反應，顯示出做夢者的女性面——此即他的無意識——並不同意做夢者的態度。這個反對源自牆上的字句「不要諂媚對你施恩的人」，而做夢者對此則是同意的。這句話的意義看來很周全，所以人們不能了解何以這個女人感到如此絕望。我們暫且先不繼續挖掘這個謎，而關注另外一項事實：在夢中發生了一場衝突，而非常重要的少數在強烈的抗議下離開了舞台，沒有再出現於後續情節。

我們從這個夢中推知，做夢者心靈的無意識功能，製造出了天主教教義與異教「人生之樂」（*joie de vivre*）之間頗為生硬直截的妥協。無意識的產物顯然不是在表達某種觀點或確定的意見，它毋寧更像某種思慮行為的激烈表述，其或許可用以下方式來闡述：「現在這個宗教問題怎麼樣？你是個天主教徒，不是嗎？這樣不夠好嗎？但是禁慾苦修……好啦、好啦，就算是教會也得有點改變——電影、廣播、五點喝杯下午茶的精神等等——何不來些教會美酒跟歡樂的朋友呢？」但是，出於某種祕密原因，這個令人窘迫的神祕女人——做夢者先前已多次夢見的——似乎對此深感失望而離開了。

我必須坦承，我發現自己很同情阿尼瑪。顯然，夢境中這個妥協太過廉價、太過膚淺，但這確實反映出做夢者以及許多人的性格，對他們來說宗教並不怎麼重要。對我的病患而言，宗教根本無關緊要，他也從沒料想過宗教會對他有任何影響。但他來找我，是因為某個非常嚴重的經驗，作為一名高度理性與有知識的人，他卻發現自己的心靈態度與哲學——在面對精神官能症及其令人沮喪的力量時——完全遺棄了自己。他在自己的整體「世界觀」（*Weltanschauung*）中找不到任何可以幫助他充分自我控制的東西。於是他幾乎處於一種被遺棄的狀態，被他此前珍惜的信念及理念所拋下。在這種情況下，一個人回到他孩提時期的宗教，冀望可以在那裡找尋到幫助，是一點都不稀奇的。不過，有意識的嘗試，或重拾過往宗教信仰的決定並沒有發生。他只是夢見了它；換句話說，是他的無意識做出了關於他宗教信仰的特殊陳述。這就像是精神與肉體——基督教意識中的永恆仇敵——彼此決定和談，其手段是將兩者相牴觸之性質予以奇妙的緩和。在出乎意料的和平中，靈性與世俗性彼此相遇，其效果不免有些怪異滑稽。精神的恆久嚴格受到某種近似古代的慶典所減損、被美酒與玫瑰的芬芳所感染。這個夢的確描述了靈性氣氛與世俗氣氛兩者，將道德衝突的尖銳程度降低，忘卻了一切的精神痛苦與沮喪。

倘若這代表了願望的實現，它肯定是屬於有自覺意識的，因為這位病患在現實中早已做得太超過了，而他對於此點並非沒有自覺，因為酒是他的大敵之一。正好相反地，此夢境乃是對該病患精神狀態不偏不倚的表達，這是一幅衰弱宗教被世俗性與暴民本能（mob instinct）腐化的景象。夢中有宗教的感傷（sentimentality）而沒有神聖經驗的聖祕（numinosum），這是當一個宗教失去其神祕性時會出現的著名特質。我們很容易理解，像這樣的宗教，已經不具有援助或產生任何道德影響的能力。

夢的整體樣貌確實是令人不快的，雖然其他較正向的層面也依稀可見。夢境很少出現極為正向或極為負面的狀況。原則上人們會同時發現兩種面向，但通常其中之一會強過另一者。顯然這樣的夢可以提供心理學家足夠的材料，去探討有關宗教態度的問題。若我們僅僅只擁有一個夢，大概難以奢望解開其最深處的意義，但在我們這個系列中，有為數不少的夢都呈現出一個奇異的宗教問題。如果情況允許，我從來不會就單一夢境來做出解釋。原則上，一個夢會屬於某個系列，就像意識同樣具有連續性，即使它會被睡眠規律地打斷。無意識過程很可能也具有連續性，且或許還更甚於意識的事件。總而言之，我的經驗支持以下可能性，亦即夢境乃是一串無意識事件之間的可見連結。若我們想要對於這個夢的更深層理由有所了解，我們就必須回到夢的系列，看看它在四百多個夢的鍊串當中，處於什麼樣的定位。

我們發現，這個夢卡在兩個具有詭祕性質的重要夢境之間，前一個夢陳述的是一場多人聚會，且正在舉行奇異的儀式，其顯然屬於巫術類型，而儀式目標則是要「重建長臂猿」（reconstructing the gibbon），後一個夢也是類似的主題，也就是動物化為人類的巫術轉變。

兩個夢境都使人感到頗為不適，也讓病患十分擔憂。那個教會夢境顯然還停留在表面上發展，表達一些在其他情況下也能有意識地思考的意見，可是這兩個夢的性質則怪異而孤僻，它們在情緒上的帶來的影響，是這位做夢者極力想避免的。事實上，第二個夢境的紀錄中直接這麼寫道：「如果有人逃走，一切就會失去。」這句話奇異地呼應著那個未知女人的話：「這樣的話，就什麼都不剩了。」我們從這些言論可以推論出，教會夢境是為了逃離更具深層重要意義的夢境思想之嘗試，那些思想以偽裝之貌，出現在教會夢境之前、以及之後的夢境中。

【第二章】

教義與自然象徵

這些夢當中的第一個——也就是教會夢境之前的那個，其內容是某種將猿類加以重建（reconstruct）的儀式。若欲充分解釋此事，需要太多細節敘述了，所以，我必須節制篇幅，僅僅說明「猿類」代表做夢者的本能人格（instinctive personality），而此人格正是他因採取徹底知性態度，而完全加以忽視者。其結果是，他的本能戰勝了他，屢次在不可控制的狀況下發作並攻擊他。猿類「重建」的意義，是在意識的階層架構之內，重建本能人格；這種重建若要成功，必須伴隨著意識態度的重大轉變。該病患自然會害怕無意識的傾向，因為無意識迄今為止所對他揭示的，都是其最令人厭惡的形態。接下來的教會夢境，代表他為了遠離恐懼，而向教會宗教尋求庇護的企圖。第三個夢境的內容，則是從動物變成人類的「轉化」，其顯然是延續第一個夢的課題，重建猿類的目的，就是為了稍後要轉化為人類。他將是一個新的存在，易言之，該病患必須經歷重要的轉變，將其目前為止分裂的直覺予以重新整合，從而成為一個新人。現代人的心靈已經忘記古代真理所談論的老人之死及新生之人，屬靈的重生以及類似的古老「神祕荒謬」（mystical absurdity）。我的病患是現代的科學家，但當他發現自己被這種思想所攫住的時候，他數度陷入恐慌，他害怕自己會發瘋；然而，兩千年前的人們則會歡迎這種夢境，而且歡悅期待著神奇的再次誕生與生命之更新。可是我們的現代態度，卻高傲地回顧中古或原始時代輕信與迷信之朦朧狀態，它完完全全忘記了，在理性意識的摩天大樓底層中，其實承載著整個活生生的過去；若沒有底層的存在，我們的心靈就會懸在半空，也難怪它會變得緊張不安。心靈的真正歷史並不是保存在知識典籍裡頭，而是存在於每一個人活生生的精神有機體（mental organism）之內。

不過我必須承認，「更新」概念以這種方式現形，很容易就會使現代心靈驚駭不已。即便並非不可能，然欲將「重生」——如其向我們顯示的那樣——與它在夢境中被描繪的方式連結在一起，確實是件困難的事情。

可是，在我們著手處理這個奇怪而令人意外的轉變所暗示的事物之前，得稍加注意另一個我在前面提過，顯然具有宗教性的夢。

相對於教會夢境在漫長系列的夢境中，是屬於比較早期者，接下要談的夢則屬於較晚期的階段。

以下是紀錄內容：

我正要進入一間莊嚴的房屋，名稱是「內在安定或自我控制之屋」（the house of inner composure or self-collection）。背景中有許多燃燒的蠟燭，排列得像是金字塔的四個點。有一位老人站在屋子門口。人們進入屋內，他們並不談話，經常靜止站著以求專注。門口的老人告訴我關於訪客的事情，又說：「當他們離開時，他們是純淨的。」現在我進入了房子，而我能夠全然專注。有個聲音說道：「你正在做的事情很危險。宗教不是一種稅，讓你透過繳稅來擺脫那個女人的形象，因為此形象是不可或缺的。若利用宗教作為靈魂生命（soul's life）另一面的替代品，這種人有禍了，他們犯下了錯，他們將被詛咒。宗教不是替代品，宗教是靈魂所有其餘活動的終極成就。你必須讓你的宗教從生命的充實性中誕生，唯有如此你才能被祝福。」一陣微弱的音樂隨著最後一句話傳入耳中，是由管風琴演奏的簡單旋律，讓我想起華格納（Wagner）的〈火魔法〉（*Feuerzauber*）[1]。當我離開屋子時，腦海中出現一座火焰山的景象，而我感覺那不會熄滅的火，必然是神聖的火焰。

那位病患對於該夢的印象深刻，對他來說，這是一次莊嚴而富有深意的經驗，這個夢是造成他全然改變看待生命、人性態度的少數重大事件之一。

不難看出，這個夢與教會夢境乃是一致的。只是這次的教會變成了「自我控制與莊嚴之屋」，當中沒有任何可以歸諸於天主教會的儀式或標誌，唯一的例外是燃燒的蠟燭，蠟燭排列的象徵可能是源自於天主教禮拜[2]，其組成了四個金字塔點或四個點，或許這是以四重面的方式預告最後的火焰山幻象。數字「四」的出現，在他的夢境中經常發生，且扮演重要的角色。關於夢境中的神聖火焰，做夢者自己認為這指涉蕭伯納的《聖女貞德》（*Saint Joan*）。在另一方面，「不會熄滅的火」（unquenchable fire）是廣為人知的上帝屬性，不只是在《舊約聖經》而已，它在非正統教會公認的典籍當中，也作為「基督之比喻」（*allegoria Christi*），這個詞彙在《奧利堅的佈道》（*Homilies of Origenes*）當中有提到[3]：「救世主自己曾說：任何接近我的人，就會更接近火；任何遠離我的人，就會遠離王國。（*Ait ipse salvator: qui iuxta me est, iuxta ignem est, qui longe est a me, longe est a regno.*）從赫拉克里圖斯（Heraclitus）時代開始，生命就被認知為「宇宙靈火」（πῦρ ἀείζωον），也就是永恆的生命之火，而因為基督自命為「生命」（The Life），非教會公認典籍當中所說的，也就確實可以理解，甚至可信。帶有「生命」意義的火焰象徵，可以切合此夢的結構，這個夢強調「生命的充實」乃是宗教的唯一合法來源。因而，那四個火點的功能幾乎是在代表上帝之存在或同等的概念。如同前述，數字四在這些夢境之中扮演重要角色，其所暗示的概念類似於畢達哥拉斯學派的（Pythagorean）的「聖十結構三角形」[4]（τετρακτύς）[5]。

「四者一體」（quaternarium or quaternity）擁有悠久的歷史。它不只出現在基督教的圖像學（iconology）與神祕冥思當中[6]，它在諾斯替哲學（Gnostic philosophy）[7]之中，可能扮演更重要的角色，並由此流傳至中古時代，最晚可至十八世紀[8]。

在我們討論的這個夢當中，四者一體是無意識心靈所創造之最明顯的宗教儀式。做夢者獨自進入「自我控制之屋」，而不是教會夢境那般有朋友在旁。做夢者在這裡遇見一位老人，其於之前某個夢中曾以賢者身分出現過，他向做夢者指定地上某個位置，表示那裡就是他的歸屬。老人解釋禮拜的性質是屬於淨化儀式，然不甚明白的是，從夢境紀錄不太能確定這是何種淨化類型、或這是要淨化什麼。真正執行的唯一儀式看來是專心或冥想，由此引導出聲音的狂喜（ecstasy）現象。聲音的出現是夢境系列的常態，它總是在宣布某種權威說法或命令，其內容若非衝擊性的常識和事實，就是深刻的哲學典故。聲音所講的幾乎都是明確的定論，往往在夢境尾聲出現，且原則上是如此清晰、具說服力，讓做夢者找不到反對的理由。此聲音的性質，屬於無可質疑的真相，它經常是以總結的形式出現，而且是經由長時間無意識思考與權衡所下的確切結論。這個聲音時常來自權威人物的發號施令，例如來自軍事將領、船長或老醫師。但有時，例如在這個夢境的例子裡，它就只是憑空出現。這位充滿懷疑精神的知識分子是怎麼接受這個聲音的，此事實在耐人尋味：通常這聲音所言完全不適合他，但他卻毫無質疑、甚至謙卑地加以接受。由此，在這數百個仔細記錄的夢境過程中，這個聲音揭示自身為重要、甚至具決定性的無意識代表。而根據我的觀察，這位病患絕對不是唯一一個在夢境中與其他特殊的意識狀態下遇見聲音現象的案例。我必須承認，無意識心靈有時可以表現得深具心智與目的性，其更勝過現實中有意識的想法；我們幾乎不必懷疑，這項事實是一種基本的宗教現象，且在這個案例裡，此人的意識精神結構幾乎不可能產生宗教現象。我也時常在其他案例中觀察到類似現象，而我必須承認，我無法以任何其他方式來說明這些資料。我常常遭遇反對聲浪，說那股聲音所代表的只不過是個人的思想本身。或許是吧；但是，若我說「某個思想是我自己的」，那代表**我**必須思考過它，就像如果我說「這是我的錢」，那必須是我在自覺與合法的狀況下所賺取或獲得的錢。如果有人送我錢，我當然不會跟送錢的人說：「謝謝你送我『我的錢』。」，雖然面對第三者或者在事後，我也可能會說：「這是我自己的錢。」對於那個聲音，我也持類似的立場。那個聲音告知我某些內容，正像某個朋友告訴我他的想法，如果我說那些是我自己的想法，這樣既不誠實，也不是真相。

這就是為何我會區別「在有意識的努力之下所創造或獲得的」，以及「確定是無意識心靈的產物」兩者。有人可能會反對，他們認為所謂「無意識心靈」就是我自己的心靈，所以這種區別根本是多餘；然而，我不能肯定無意識心靈是否就只是**我的**心靈，因為「無意識」一詞的意思，就是指我對於「無意識」甚至根本就意識不到。事實上，無意識心靈的概念，僅是一種為求方便的假設[9]，而真實情況是我完全無法意識到——換句話說就是我完全不知道——這個聲音是從何而來。我不僅無法隨自己的意志製造這種現象，我也無法預測它的思想內容（mental contents）。在這種情形下，逕自將製造此聲音的因素稱為**我的**心靈，這實在太冒失了，而且也並不精確。你在夢境中接收到此聲音的事實，並不能證明任何事，因為你同樣也能聽見街上傳來的噪音，而你不會說這些噪音是你自己的。

只有在一種情況下，你可以合理地將此聲音稱為你自己的，那就是當你將自己的意識人格假設為整體人格的一部分，是一個大圈圈裡面的小圈圈的時候。有位銀行小職員帶朋友遊城，他指著銀行建築說道：「這裡就是**我的**銀行。」

這大概就是利用了同樣的特權。

我們可以假設人類的人格是由兩者所組成：第一是屬於意識及其所涵蓋的部分；第二則是屬於無意識心理無確定界線的廣大內地。我們大約可以較清楚地定義與劃定前者，然而我們得承認的是，要想完整描述或定義整體的人類人格，這是不可能的。易言之，所有人格都必然有一塊不能限定、不能定義的附加部分，因為人格包含了一個有意識且可觀察的部分，但這部分並不包含某些因素，而我們被迫要假設它們存在，如此才能解釋某些觀察到的事實。這些不可知因素，形成了所謂的無意識。

這些因素是由什麼東西所構成的，我們並不知道，因為我們只能觀察到它們產生的作用。我們可以假設它們具有心理屬性，就像意識內容一樣，雖然我們並不能確定這一點。可是，若我們預設了此種相似性，就會禁不住要更進一步。由於人們的心靈內容，必須在它們與一個自我有所關聯時，才可以自覺或被察覺，因而具有強烈人格特質的聲音現象，也可能來自某個中心——儘管這個中心可能與我們的意識自我不同。只要我們設想自我是從屬於、或包含於一個高層自我（superordinated self）之內，而高層自我是整體的、無窮的、無法定義的心靈人格（psychic personality）之中心處，則上述推理應當是可以成立的[10]。

我並不特別偏愛那種以複雜論證為樂的哲學論點，雖然我的主張看似深奧難懂，但這至少是一個誠實的努力，企圖將觀察到的事實組織起來。簡言之，我們可以說：因為我們並不了解所有的事情，實際上各種經驗、事實或對象都包含了未知的層面。所以，當我們談到經驗的總體（totality）時，「總體」一詞便只能夠指涉經驗的意識部分。由於吾人不能假設我們的經驗包含了對象的總體，很明顯地，一個對象的絕對總體性（absolute totality）必然需要包含沒有被經驗到的部分。如前所述，同理可證，每個經驗皆是如此，心靈亦然，它們的絕對總體性所包含的範圍，必然比意識層面更大。換句話說，心靈不能自外於一項基本原則，亦即宇宙之建立，必須經過吾人精神有機體（psychic organism）的允許。

我在心理學方面的經驗屢次顯示，有些內容是來自一個比意識更加完整的心靈，它們往往包含更高級的分析、見識或知識，而這是意識沒有能力造就的，我們對於這類事件有一個適當的形容詞彙——「直覺」（intuition）。當人們在表達直覺時，多數人都有種得意的感受，以為抓住了什麼穩定的東西，但他們從來沒有考慮過一件事實，那就是你並沒有**創造**直覺；正好相反，是直覺**找上**了你，直覺是自發而生的，你必須夠聰明或夠機靈，才剛好能夠抓住它。

所以，對於神聖房屋夢境中的這個聲音，我將其解釋為來自一更完整人格的產物，而做夢者的意識自我，則屬於這一人格的一部分，我認為這解釋了為什麼這個聲音會顯示出心智以及優於做夢者實際意識的清晰思想，此種優越性正是這個聲音具有無條件權威的原因。

聲音所傳達的訊息，包括了對於做夢者態度的奇異批判。在教會夢境中，做夢者企圖用一種廉價妥協來調解人生的兩個面向，而我們知道，那位不知名的女人，那個阿尼瑪，在表達反對之意後離開了。在現在這個夢裡頭，這個聲音似乎替代了阿尼瑪的角色，而它表達的不僅僅是情緒性的抗議，更針對兩種宗教類型提出了犀利的觀點。根據這個觀點，做夢者正如紀錄顯示的，傾向將宗教當成「女人形象」的替代品。這個「女人」指的便是阿尼瑪，從下一句話可看出這一點，也就是談到宗教被當成「靈魂生活（soul's life）之另一面」的替代品。我之前已經解釋過，阿尼瑪就是「另一面」，她是藏匿在意識界線之下——以及所謂「無意識心靈」——的「雌性少數」（female minority）之代表。由此，該聲音批評的涵義如下：「你試圖以宗教來擺脫自己的無意識，你利用宗教來當作靈魂生活某部分的替代品；但是，宗教乃是生活的完整果實與累積，而完整的生活是包含兩面的。」

將此系列的其他夢境加以仔細比較，可以確定無疑地發現「另一面」究竟是在指什麼。該病患一直以來都在逃避自己的情緒需求，事實上，他很擔憂情緒需求會讓自己陷入麻煩，比如婚姻，然後又陷入其他的責任諸如愛、奉獻、忠誠、信任、情感依賴，以及對於靈魂需求的整體順從。這一切都無關乎科學或學術生涯，更有甚者，「靈魂」一詞根本就是知識上的下三濫玩意兒，讓人避之唯恐不及。

阿尼瑪的「奧祕」對於我的病患來說，是一種宗教的暗示、一個巨大的謎團，他這個人除了知道宗教是種信條之外，對宗教一無所知。他了解宗教可以作為某些棘手的情緒需求之替代品，人們可以透過上教堂來避開這些情緒需求，我們這個時代的偏見清楚地反映在做夢者的憂慮上。另一方面，那個聲音並非正統，甚至可說反傳統到驚人的地步：它嚴肅地看待宗教，將宗教視為生命的頂端，但這生命包含了「兩面」，因而狠狠打擊了知識分子、理性主義者最珍視的偏見。此種顛覆讓我的病患時常擔心自己會發瘋。好吧，我該這麼說：我們若了解現在或者過去的知識水準，很容易就能同情他的恐懼，要嚴肅地將這一「女人的形象」——易言之便是「無意識心靈」——納入思考，這真是對於已啟蒙之常識的一記重擊啊[11]！

在該病患觀察了第一系列的三百五十個夢境之後，我開始對他進行個人治療。然後，我遭受了他那沮喪經驗的逆流衝擊，難怪他想要從這些冒險中逃開！不過，夠幸運的是這名男子擁有「信仰」，也就是說，他「仔細思考」他的經驗，而他對自己的經驗有足夠的虔信或忠誠，讓他可以緊握或持續這些經驗。他因著自己的神經質而擁有很大的優勢，因為如此，當他企圖不忠於自己的經驗或否認那個聲音時，精神官能症的處境就會立刻回來。他就是沒辦法「讓火焰熄滅」，而最終他必須承認自身經驗具有不可理解的聖祕性質，他必須承認，那不會熄滅的火是「神聖的」，而這正是治療他的必要條件（*sine qua non*）。

有人可能會認為這個案例只是例外，就像真正的人（really human）與完整人格（complete person）也都是例外一樣。真相是：絕大多數受過教育的人都只不過是片面人格（fragmentary personalitiy），他們擁有的是一大堆替代品，而不是真實的善。這名男子因此得到了精神官能症，同理，絕大多數的人也是如此。

一般所稱的「宗教」就是這種絕佳的替代品，我認真地問自己：這種類型的「宗教」——我傾向稱之為「信條」——究竟在人類社會中是否有其重要功能。此一替代物的明顯作用，就是將直接經驗（immediate experience）替換為經過選擇後的適宜象徵，而這些象徵則鑲嵌於組織堅實的教義與儀式之中。天主教會以不容置疑的權威維持著這些教義與儀式，而新教教會（若這個詞依舊適用的話）則堅守著信心與福音，只要這兩種原則依舊存在，人們就得以被保衛或庇護，而免於「直接宗教經驗」的影響[12]。即使這類直接經驗發生在他們身上，他們也可以訴諸教會，因為教會知道這些經驗是來自上帝或是魔鬼，以及應當接受或是抗拒它們。

在我的執業經驗中，我遇到過許多擁有直接經驗的案例，這些人並不願意服從教義權威的決定。我必須陪伴這些人經歷情感衝突的危機、瘋狂的痛苦，以及絕望的困惑和沮喪，這些情緒既古怪又恐怖，所以，我充分警覺到教義和儀式的重要非常，至少在精神健康上是如此。倘若病患是天主教徒，我總是會建議他去告解和領聖餐，由此保護他免於直接經驗，因為這對病患來說很容易變得太過沉重。若病患是新教徒，事情通常沒這麼容易，因為他們的教義與儀式已經變得晦淡、朦朧，從而在很大程度上喪失了功效。原則上，新教沒有告解，牧師則往往沾染了人們普遍對於心理問題的厭惡，且不幸的是對心理學也一無所知；而天主教的神師（director of conscience），通常擁有高明許多的心理技巧與見識。再者，新教的牧師在神學機構受過科學的訓練，結果這種訓練的批判性精神反而傷害了信仰的純真（*naïveté of faith*）；反觀天主教神父的訓練則有悠久深厚的歷史傳統，有利於強化體制的權威。

作為一位醫生，當然，我可能會堅持所謂的「科學」信條，力主精神官能症的內容不過就是受壓抑的幼兒性慾（infantile sexuality）或權力意志（will to power），並對這些內容加以貶抑，如此一來，確實能在某種程度上庇護一些病患免於直接經驗的風險。但是，我知道這項理論只有部分是真實的，換言之，該理論僅僅解釋了精神官能症某些浮泛的層面。但我不能告訴病患一些連我自己都不完全相信的東西。

至此，有人可能會質疑：「但是，如果你叫你那信天主教的患者去向神父告解，那麼你同樣是在告訴他們一些自己也不相信的東西呀。」這種說法，是以假設我是個新教徒為前提。

為了回答這個批判性問題，我必須首先聲明——若這有幫助的話——我從來不會向人傳教。若有人問我這個問題，我一定會根據自己的信念回答，但我不會逾越自己真實的知識之外。我相信我所**知道**的，其他的一切都是假說，超出此範圍外的許多東西，我則將它們歸諸未知（Unknown）。這些事情並不困擾我，但我很確定，一旦我自認**應該**知道關於它們的什麼，這些事情就會開始成為困擾。

因此，如果一位病患被說服，相信他的精神官能症起源就是性的問題，我並不會去干涉他的意見，因為我知道他這種信念——尤其是根深蒂固的時候——可以完善地防禦「直接經驗」那種極其難以捉摸的侵襲。只要這層防禦是有效的，我便不會把它打破，因為我知道，這位病患之所以必須在這狹窄的圈子內思考，一定有其強大的理由。可是，若他做的夢開始摧毀這種保護性的理論，我就必須去支持更廣大的人格，就像我在先前的夢境案例中所描述的那樣。

同理，我之所以支持實踐天主教信仰的假說，是因為這樣對該病患有效。在這兩類案例中，我都支持可以防禦重大危機的做法，而不去追問該防禦是否為最終真理這種學術問題。只要這麼做有效，我就很高興了。

而我們這位病患的天主教防線，早在我處理該案例之前就已經崩解了。如果我建議他去告解等等，他一定會嘲笑我，就像他也會嘲笑他亦不接受的性慾理論一樣。然而，我總是讓他看見，我全然是站在那個聲音的一方，因為我認為這是他未來更廣大的人格中的一部分，這個人格在將來必定會幫助他脫離自己的片面性（onesideness）。

對於才智平庸的人來說，具有啟蒙理性主義（enlightened rationalism）特質，能有效將事情簡化的科學理論，是一種非常好的防禦。因為現代人對任何貼上「科學」標籤的事物都深信不疑。這個標籤會立刻讓你安心，簡直就像是「羅馬開口了，討論結束了」（*Roma locuta causa finita*）這句諺語[13]。但就我認為，科學理論本身無論多麼微妙，若是從心理學真相的觀點來看，其價值都比不上宗教教義，理由很簡單，因為理論必然是高度抽象且只容許理性，而教義則能透過形象來表達非理性的存在。這種方法在呈現非理性事實——例如心靈——上特別有效。此外，教義的存在與形式，一方面來自所謂「啟示的」直接經驗，諸如神－人（God-Man）、十字架、處女生子、始孕無玷（Immaculate Conception）、三位一體（Trinity）等等；另一方面，它們也來自諸多心靈好幾百年來的持續合作。由於教義本身正是排除「直接經驗」的，因此我為何將某些教義稱為「直接經驗」，其理由或許並不是很明白。但我所提及的基督教教義，並不僅僅專屬於基督教，它們也存在於異教之中，它們甚至可能自發地以各種變體形態，再度以心理現象出現——正如很久很久以前，它們源自預見、夢境或出神（trance）狀態那般。這些想法絕非人所發明出來。在它們出現的時代，人類都還沒學會將心智用在有目的的活動上呢，在人們還沒學會如何創造思想之前，思想已經找上了他們。他們並未思考，而是察覺到了自己的心靈運作。教義就像一個夢，反映出客觀實存（objective）的心靈——即「無意識」——自發性、自主性的活動。這種無意識的表達比起科學理論，能夠更有效地抵禦進一步的直接經驗。理論必須忽視經驗的情感價值，相反地，教義在這方面的表現則是最豐富的。一個科學理論很快會被另一個科學理論所取代，教義則能延續無數個世紀，神—人受難的教義至少已經存在五千年了，三位一體甚至可能更為古老。

教義能夠比科學理論更完整地表現靈魂，因為科學理論只能表達或闡述意識心靈。更進一步言之，理論能做到的，只是以抽象概念來闡釋一個活的東西（living thing），反之，教義則是以懺悔、犧牲、贖罪的戲劇形式，來貼切表達無意識活生生的過程（living process）。由此看來，新教無法避免其教派分裂（Protestant schism），毋寧是令人訝異的。然而，新教既已成為具冒險精神的日耳曼民族之信仰，他們所特有的好奇心、征服欲與魯莽性格，應該不太能同意教會的平靜，至少不可能長時間如此。看起來，日耳曼民族還沒準備好讓救贖發生在自己身上，也沒準備好順服在教會偉大結構下所體現的神。或許，教會裡有太多屬於羅馬帝國（*Imperium Romanum*）或羅馬和平（*Pax Romana*）的東西了[14]，多到日耳曼民族的精力至今都還沒被充分馴化。很有可能的是，他們需要一種不那麼緩和、不那麼受控的上帝經驗，這經常發生在具有冒險性與躁動的民族上，這種民族還太年輕，不適合任何形態的保守主義或聽天由命（resignation）。所以，他們移除了教會居於上帝與人類之間的代禱（intercession）角色，即便移除的程度有高有低。由於新教廢置了這道保護牆，他們也就喪失了可以表達重要無意識因素的神聖形象，同時也喪失了儀式，而儀式自古以來就是對付無意識心靈不可估量之力量的安全方式。極大的能量因此被解放出來，並立即湧入好奇與征服欲的舊渠道中，歐洲人正是循此道路成為了龍之母（mother of dragons），吞噬了大半的地球。

從那個時代開始，新教便成為教派分裂的溫床，與此同時，新教也助長了科學與科技的快速增長。人類意識深受科學與科技吸引，乃至忘卻了無意識心靈那不可估計的巨大力量。第一次世界大戰的災難，以及接續而來的嚴重精神混亂，才終於使「凡是白種人心靈都是好的」這一觀念受到質疑。當戰爭爆發時，我們很確定這個世界可以被理性的手段所矯正；現今我們則看見了驚人的奇景，許多國家宣稱採納古老的神權政治（theocracy），而這在整體上必然伴隨著對意見自由的壓制。我們再次看見人們彼此殺戮，以支持他們號稱要建立人間樂園的幼稚理論。不難想見，冥間——不要說地獄的話——的力量，在過去或多或少被宏偉的精神大樓給成功拴住，而且可供使用，但如今這股力量卻在創造、或說試圖創造一個缺乏任何精神或者靈魂魅力的國家奴隸制度（State slavery）和國家監獄（State prison）。如今，已有很多人相信光憑人類理性，並不能完全勝任抑制火山的這項艱鉅任務[15]。

這整個發展都是命運，我不會將此歸咎於基督新教或文藝復興（Renaissance）[16]。然而，有件事情是確定的，那就是現代人——無論是不是新教徒——已經失去教會之牆的保護，這道牆打自古羅馬時代以來，就被小心地建立、補強，而現代人喪失了這道牆，從而越來越靠近那毀滅世界或創造世界的火焰，生活變得更加快速而激烈，我們的世界受到不安及恐懼的浪潮所滲透。

基督新教從以前至今，都同時是巨大的風險，兼是巨大的機會。如果新教作為一個教會而繼續分裂，它就會持續剝奪人的精神保護，以及他們對抗直接經驗的防禦，而此直接經驗的力量，正在無意識心靈中等待被解放。看看這所有駭人的野蠻在所謂文明世界中的作用，此野性正是源自於人類及其精神狀態！看看這毀滅性的魔鬼手段！它們就是由那些全然無害的紳士們所發明，這些理性的、值得尊敬的公民，是我們都想成為的對象。而當整件事情爆發，導致難以言喻的毀滅烈火時，看起來卻沒人要為此負責，這些事情就這麼發生了，它們都是人幹出來的，但因為所有人都盲目地相信，自己就只是自身那非常溫和而不重要的意識而已，別無其他，而人的意識就只是在勉力履行責任、掙一份適當的生計，因此沒有人注意到，這整群由理性所組織，又稱為「國家」或「民族」的群眾，似乎是由一股非人格的（impersonal）、無法察覺但又極為恐怖的力量所運作，且沒有任何人事物能夠加以制衡。這股駭人的力量，最常被解釋為出自一種對鄰國的憂懼，認為這些鄰國已被邪惡魔鬼所把持。由於無人能夠認知自己是如何、是哪裡受到控制或者處在無意識狀態，只能將自己的狀況投射至鄰居身上，所以，擁有最大的槍砲、最毒的瓦斯竟成為神聖的責任。最糟糕的是，他們的想法其實頗為正確，每個人的鄰居都已經被未受控制、也無法控制的恐懼所把持，而他們自己也是如此。在瘋人院中，眾所周知的事實是：飽受恐懼之苦的病患是最具危險性的，其危險程度遠勝過被憤怒或怨恨所影響的病人。

新教徒被孤伶伶地留給上帝。他們沒有懺悔、沒有赦罪、沒有任何可以贖罪的每日禮拜（*opus divinum*），新教徒必須獨自承擔自己的罪，而他對於上帝恩典是否存在也不太能肯定，因其缺乏適合的儀式，不知該透過什麼來獲致神恩。基於此事實，新教徒的良心變得警醒，而負罪感會討厭地持續縈繞，讓人感到難受。然而，新教徒卻藉此得到一個特殊的機會，即他們對於罪的了解，是天主教徒的心靈難以企及的，因為天主教徒總是能透過懺悔與赦罪去緩解緊張性，但是新教徒只能自己面對這種緊張，這會繼續砥礪他的良心。良心——

尤其是有負罪感的良心——可以是來自上天的禮物，如果將其當作更高的自我批判力量，這會是一種真正的恩典，「自我批判」這種內省、明辨的活動，對於想了解自我心理的人乃是不可或缺的。如果你做了某些讓自己困惑的事情，然後自問：是什麼促使自己做出這樣的事？這時你必需要有負罪感的驅力，以及相應的辨別能力，才能發現自己行為的真正動機，而直到此時，你才能夠看出是什麼動機在統領你的行為。良心負罪的刺痛甚至會鞭策你去發掘先前屬於無意識的東西，如此一來，你或許就能夠跨越無意識心靈的門檻，從而察知那些非人格力量，是它們使你成為人類內在的大屠殺者之無意識工具。如果一個新教徒在完全失去了教會之後，依然是個新教徒，這樣的人與上帝之間毫無屏障，不再躲在牆、社群的庇護之下，他便擁有了獲得直接宗教經驗的特殊精神機會。

我不知道自己是否成功傳達了無意識心靈經驗對於該病患的意義。然而，這種經驗的價值也並沒有客觀的衡量準則，我們看待此種經驗，必須從它對於經驗者而言的價值這一點出發。所以，你或許會有個印象，就是某些顯然沒用的夢境，對於一個聰明人來說卻竟然意有所指；可是，如果你不能接受他所說的，或者你不能把自己放在他的處境設想，那你就不該去評判他的案例。「風隨著風的意思而吹」（wind that bloweth where it listeth），宗教天分（*genius religiosus*）就是這樣子的風，並不存在一個可作為評判依據的阿基米德支點，因為心靈與其表現是無法區分開來的。心靈是心理學的客體（object），而夠要命的是，心靈同時也是心理學的主體（subject），這是不容否認的事實。

我挑選來作為我所謂「直接經驗」範例的少數幾個夢，在無經驗的人看來絕對是毫不起眼的，它們並不張揚，僅是作為個人經驗的小小見證，若我能夠將它們在其系列當中呈現，同時加入整體過程中豐富的象徵材料，它們便能呈現出更佳的形象。但即使是這系列夢境的總和，依然不能與任何傳統信條的美感與豐富表達之萬一相比。信條永遠是諸多心靈經過好幾百年的所達致的成果與答案，它是從各種個人經驗的怪癖、缺陷與弱點中所提煉出來。儘管如此，儘管其本身是如此貧瘠，個人經驗乃是直接的生命（immediate life），它就是今日那溫熱鮮紅的血液脈動，對於一個真相追求者而言，這比最好的傳統更具說服力；不過，直接的生命始終屬於個人，因為生命的載體就是個人，而源自個人的事物，在某方面必然是特殊的、短暫的、不完美的，當它們屬於做夢這類不自覺的精神產物時，情況尤其如此。雖然很多人擁有一樣的問題，但沒有人會做跟別人一模一樣的夢。可是，正如沒有任何個體的狀況是絕對特殊的，同理，也不會出現在性質上絕對特殊的個人產物。即使是夢境，其很高程度上依然是由集體材料所組成，就像在各民族的神話或傳說中，某些動機會以幾乎完全相同的形式重覆出現，我將這些動機稱為「原型」（archetype）[17]，透過原型，我能夠了解實際上發生在世界各地，那種集體性質的形式或意象，它們是神話的組成要素，同時也是無意識源頭之自源的（autochthonous）、個體的產物。原型動機（archetypal motive）可能是起自人類心靈的原型形態，該形態不只透過傳統或者移民等方式來傳遞，它也是會遺傳的，最後這項假說尤其必要，因為即使是複雜的原型形象，在沒有任何可能的直接傳統之下，依然能夠自發性地再現。

關於前意識（preconscious）、原初性（primordial）這些觀念的理論，絕對不是我個人的發明，它們就像「原型」這個詞一樣，在西元一世紀時就出現了[18]。若特別以心理學為參照的話，我們可以在阿道夫・巴斯蒂恩（Adolf Bastian）[19]以及尼采[20]的作品中發現這個理論。法語文獻方面，則有俞貝爾（Hubert）、默斯（Mauss）[21]，以及列維布爾（Lévy-Bruhl）[22]提及類似觀念。我只是針對那些被稱之為「原初或基礎觀念之前身」、「範疇」（*catégories*）或「意識的引導性習慣」（*habitudes directrices de la conscience*）、「集體象徵」（*représentations collectives*）的理論，深入某些研究的細節[23]，由此給予它們一些經驗上的基礎。

我們在先前討論的第二個夢境當中，有一個我還沒有探討過的原型。夢境裡的特殊安排，是燃燒的蠟燭排成四個像金字塔形狀的點。此一安排特別強調「四」這個數字的重要象徵意義，這點體現在它被置於祭壇或聖像門（iconostasis）處，也就是人們預期會發現神聖形象的所在。而既然那座「廟宇」被稱作「自我控制之屋」，吾人或可假設，這個性質應該會透過其敬拜之處所呈現的景象或象徵而表現出來。聖十結構三角（*tetraktys*）——畢達哥拉斯學派的用語——在該病患的夢境中明白顯示，確實是指「自我控制」。此象徵在其他夢境中出現時，其形態經常是被四個主要部分所分割或包含的圓圈。在同一系列的其他夢境中，象徵的形式也可能是一個沒被分割的圓圈、一朵花、一個方形廣場或房間、四邊形、一個球體、一座鐘、一座有噴泉在中央的對稱花園，或者是四個人同乘一船、搭乘同一飛機、或坐在同桌，又或者四張椅子環繞一桌、或四種顏色、或一個由八道輪輻組成的輪子、或者八道光芒的星星或太陽、一頂被分成八部分的圓帽子、一隻四隻眼的熊、一座方形的監獄牢房、四季、裝有四顆堅果的碗，或者是圓盤被區分為 4×8 = 32 塊區域的世界時鐘，諸如此類[24]。

在這一系列四百多個夢境中，這些四者一體的象徵總共出現了至少七十一次。我這個案例也不例外，我曾經觀察許多出現「四」的案例，它總是具有無意識的起源，也就是說，做夢者是在夢境中首次接觸到它，完全不知道它的涵義，也從未聽過「四」的重要象徵性。當然，如果出現的是數字「三」的話，那就完全另當別論了，因為三位一體是眾所皆知的象徵數字。但是「四」對於吾人——尤其是現代科學家——而言，跟其他的數字根本沒有兩樣。數字象徵及其悠久的歷史，乃是完全超出做夢者心思興趣的知識領域，在此狀況下，若夢境本身強調「四」的重要性，我們確實有充足理由可以稱其為一項源於無意識的事物。四者一體的聖祕性質在第二個夢境中很明顯，由此事實我們必須斷定，四者一體所指涉的意義是我們必須稱之為「神聖」者。由於做夢者無法將此特殊性質追溯至任何意識來源上，因此我採用了比較的方法，以便澄清此象徵的意義。當然，在這本書的架構中不可能完整說明此種比較方法的程序，因此我只能稍稍提及。

由於許多無意識內容看起來是歷史性的精神狀態殘跡，故吾人只需要回到數百年前，就能找出與我們無意識內容相對應的那道意識層。在我們的案例中，只要回到不滿三百年前，我們就會發現自己置身於自然科學家與哲學家的行列中，他們正認真地在探討「化圓為方」（*quadratura circuli*）的謎題[25][26]。此一玄妙深奧的問題在本質上其實是種心理投射，源於某些遠為古老、完全無意識的事物。然而在當時，科學家與哲學家們已經知道圓形意味著上帝[27]：「上帝是圓，而圓的中心無所不在，但圓周並不存在」（*Deus est figura intellectualis, cujus centrum est ubique, circumferential vero nusquam*），某位哲學家如是重複著聖奧古斯丁（St. Augustine）的話[28]。連愛默生（Emerson）這樣一位內向且內省的人，都不可能不觸及同樣的概念，並同樣地繼續引用聖奧古斯丁。圓的形象自從柏拉圖《蒂邁歐篇》（*Timaeus*）——該篇為赫密士派哲學的權威——以來，就被認為是最完美的實體，圓代表黃金、代表「世界靈魂」（*anima mundi*），是「自然的中介靈體」（*anima media natura*）、是最早被創造之光。因為造物主將大世界（the Great World）此一宏觀系統創造「為圓球體形狀」（*in forma rotunda et globosa*）[29]，此整體下的最小部分——一個「點」——亦包含此完美的性質，正如哲學家所言：「所有形狀中，最純粹、最完美的形狀就是圓，這是點的基準」（*Omnium figurarum simplicissima et perfectissima primo est rotunda, quae in puncto requiescit*）[30]。此一潛伏隱藏於物質之中的上帝形象，被煉金術師（alchemist）稱呼為「原初混沌」（original chaos）、或樂園之土、或海中圓魚[31]、或就只是稱之為「圓」（rotunda）或「蛋」。而這圓圓的事物，就是打開物質問題之門的鑰匙。《蒂邁歐篇》中業已提到，唯有完美的戴米烏爾（demiurge）[32]，才有能力分解聖十結構三角（又稱為「四元體」）[33]，其中包含了四大元素，意即圓形世界的四項組成。十三世紀的偉大權威著作《哲學家集會》（*Turba Philosophorum*）[34]，書中曾談到圓可以將銅分解為四[35]。所以，人們長期以來追求的「賢者之石」（*aurum philosophorum*），其實就是圓啊[36]！究竟要怎樣取得沉睡中的戴米烏爾，眾說紛紜，有人希望能靠「第一物質」（*prima materia*）[37]，其包含了特定匯聚或特別適合的物質，來得到戴米烏爾；其他人則致力以綜合的方式來創造某種圓形物質，此法稱之為「連結」（conjunctio）。《哲學家玫瑰經》（*Rosarium Philosophorum*）一書的無名氏作者則說：「造出一個男人與女人的圓圈，並從中汲取出一個四方形、一個三角形；讓這個圈變圓，然後你就會取得賢者之石。」[38]

這塊神奇之石所象徵者是完美而有生命的事物，其擁有陰陽兩性的本質，可以對照於恩貝多克利的（Empedoclean）「球體」（σφαῖρος）——「圓滿之神」（εὐδαιμονέστατος θεός）[39]，以及柏拉圖所說的圓形雙性陰陽人[40][41]。此象徵至早可追溯至十四世紀時，彼得．波諾斯（Petrus Bonus）將這塊寶石與耶穌基督相比[42]，稱為「基督之比喻」[43]。但在十三世紀的偽聖多瑪斯派（Pseudo-Thomasian）著作《黃金時刻》（*Aurea Hora*）中，寶石的祕密乃是基督教的最高奧祕[44]。我提及上述諸事，只是為了要顯示，對於眾多知識淵博的前賢而言，包含四大元素的圓形或圓球，正意味著上帝。

從拉丁文文獻中，也可以清楚看出沉睡或匿跡於物質當中的戴米烏爾，其與所謂「哲學人」（*homo philosophicus*）——即「第二亞當」（second Adam）——是等同的[45]。第二亞當是更優等、屬靈的人，也就是「原質亞當」（*Adam Kadmon*），經常被等同於基督。最初的亞當是會死的，因為他是由會腐敗的四種元素所構成；第二亞當則是不朽的，因為他是由單一而不壞的元素所構成。因此，偽聖多瑪斯說：「第二亞當從純粹的元素化為永恆，因為他是由單一、純粹本質所構成，他因此得以永恆。（*Secundus Adam de puris elementis in aeternitatem transivit. Ideo quia ex simplici et pura essentia constat, in aeternum manet.*）[46]」據說一位被稱為長者（Senior）、其權威橫跨中古時代的早期拉丁化阿拉伯語學者，曾經談到這種石頭：「這種物質得以不朽，因為它會持續增長。」這種物質便是第二亞當[47]。

顯然，從以上引用之文字可知，哲學家們所求索的圓形事物，乃是一種特質的投射，其與我們所討論夢境中的象徵十分類似。我們擁有的歷史文獻足以證明，夢境、意象，乃至於幻覺，都經常與偉大的哲學著作混合在一起[48]。吾人祖輩的整體精神較為天真單純，他們遂將無意識內容直接投射在物質上，而物質可以輕易接受此等投射，因為在那個時代，物質其實是人類不知道、也不可理解的實體，而當人們遭遇一些全然神祕的事情，他就將自己的揣想投射予物質，且對此絲毫沒有自我懷疑。可是，今日我們對於化學物質已經有相當了解，我們就不能像祖先們那樣任意投射了。我們終於得承認，聖十結構三角屬於心理的產物，但我們還不知道，在未來它是否會被證明是一種投射。目前我們暫時滿足於此事實，即這個現代人意識心靈中全然缺少的「上帝」概念，以三四百年前為人類意識察知之形態再度出現。

我應該不需要特別強調，實際上我這個做夢的病患對這些歷史片段一無所知。我們可以引用一位古典詩人的話：

「你可以用乾草叉把本性給挑出來，但她永遠會再度出現。（*Naturam expellas furca tamen usque recurret.*）」

古代哲學家們的觀念是，上帝的自我顯現首先出現在四種元素之創造，這四種元素的象徵是圓圈的四等分。我們能在科普特諾斯替派（Coptic Gnostic）文獻《布魯斯典》（*Codex Brucianus*）[49]中讀到關於「唯一後裔」（Only-Begotten）——也就是「獨一」（Monogenes）或「人子」（Anthropos）——的記載：「此物與居於單子（Monad），單子則居於創造者賽瑟斯（Setheus）中，其來自於無人知悉的所在……單子即是源自他，以船隻的形態滿載所有善的事物，以原野的形態佈滿或種下各種樹木，以城市的形態匯集人類所有的種族……以防禦的形態包圍其表面者，乃是如帳幕般的十二座門……這即是唯一後裔的母親之城（μητρόπολις）。」在另一處，「人子」自身便是城市，而其成員乃是四座門，單子只是一道閃光（σπινθήρ），是上帝的原子。「獨一」者被視為立於「四足體」（τετράπεζα）之上，是由四根柱子所支撐的平台，呼應福音當中基督教的四者一體，或者呼應於「四獸」（Tetramorphus），亦即教會的象徵坐騎，其中包括了四大福音的象徵——天使、老鷹、小牛、獅子。此文獻與〈啟示錄〉中的「新耶路撒冷」（New Jerusalem）之間的類比，是很明顯的。

分成四份、四者綜合、奇異的四色幻象、以及工序的四階段：「黑階段」（*nigredo*）、「白階段」（*dealbatio*）、「紅階段」（*rubefactio*）、「黃階段」（*citrinitas*），都是古代哲學家[50]長久用心的課題[51]，四象徵著「唯一」（the One）的部分、性質、層面。但是，為什麼我的病患的夢境會重複這些古代的思維呢？

我不知道他為何如此，我只知道這並非唯一的個案，我個人與我的同業皆觀察到許多案例，都在自發的情況下出現相同象徵。我並不認為他們真的是從三、四百年前獲得此象徵，而更毋寧是從另一個時代而來，當時這個原型概念更具有顯著的地位。事實上，如柏拉圖《蒂邁歐篇》所示，該原型概念的出現甚至遠早於中古時代。它並非僅是古希臘羅馬或古埃及的遺產，而是在世界各地都能找到。舉例而言，人們應當記得，印地安紅人（red Indians）就極為重視四者一體。

雖然「四」已經年代古遠，甚至可能是史前時代的象徵[52]，總是與創造世界的神祇相關聯；然而很奇怪的是，那些遭遇此象徵的現代人，卻鮮能了解其意涵。我一直特別感興趣的是，如果人們未被告知此一象徵的歷史，任由他們自行發揮，他們會怎麼詮釋「四」呢？所以，我很謹慎地避免以自己的意見干擾他們，而整體上我發現：人們會以此做為象徵自己或內在的某種事物。他們的感受是，「四」密切地屬於自己，在無意識心靈的深處作為一種創意的背景、孕育生命的太陽。固然，吾人很容易看出，這種想法幾乎就是以西結（Ezekiel）所預見者的翻版，但即使人們也知道以西結所預見的東西——順道一提，這類人在當代已非常罕有了——仍很少有人能看出此類比。我們大約可以稱之為一種系統性盲目（systematic），純粹是偏見造成的效果，也就是認為神祇是存在人類**之外**。儘管這種偏見不僅限於基督教，但依然有許多宗教並不這麼認為。正好相反地，他們堅持上帝與人類在本質上的同一性，無論其是經由先驗（a priori）的形式，抑或是要透過某種儀式或啟發來達到，例如阿普列尤斯

（Apuleius）的變形（metamorphoses）就是其中之一，更不用說某些瑜伽的方法。

藉由比較方法的應用，無疑證明了四者一體或多或少是上帝顯現於創造物的直接象徵，所以，我們或許能結論道：自發地產生於現代人夢境當中的符號，也代表同樣的意義——**內在的上帝**（the God within）。固然多數的案例並不承認此一類比，這項詮釋依然可能是真的。如果我們考慮以下事實，也就是上帝的概念是個「不科學」（unscientific）的假設，便可輕易解釋人們為何忘記了這個思考脈絡。因為，即便他們確實對上帝有某種信仰，他們所受的宗教教育也會使其摒棄內在的上帝概念，宗教教育始終將這一概念貶為「神秘」（mystical）。然而，正是這種「神秘」概念，被無意識心靈的自然傾向所執行。我本人與我的同事們已經見過非常多案例，它們都發展出同樣的象徵，我們已無法繼續質疑其真實存在。更有甚者，我的觀察可以追溯遠至一九一四年，而我等待了十四年之久，才將其公諸於眾。

如果有人將我的觀察理解為某種上帝存在之證明，這將是令人遺憾的謬誤；我的觀察只是證明了上帝的某種原初形象，在我而言，這是我們對上帝所能做出的心理斷定的極限。但是，有鑑於這是一個非常重要且極具影響力的原型，它相對頻繁的出現，這對任何自然神學（*theologia naturalis*）都是一項值得注意的事實。由於此等經驗具有聖祕性質，而且程度通常頗高，它確實算得上是宗教經驗。

我不能不提醒人們去注意一項有趣的事實：基督教象徵主義的中心是三位一體，而無意識心靈呈現的形態則是四者一體。事實上，甚至連正統的基督教理論都不能算得上完整，因為三位一體中沒有關於邪惡之原理的教義層面，這導致一種或多或少有些尷尬的存在，也就是魔鬼。由於上帝與人同一的假設是異端的[53]，「內在的上帝」在教義上也就難以成立。然而，現代人心靈所理解的四者一體，不僅直接暗示了內在的上帝，也暗示了上帝與人的同一。相對於教條，這裡不只有三個，而是有四個層面，由此很容易推論第四個層面是代表魔鬼。雖然我們擁有以下箴言：「我的自我與天父為一，誰能看見我，便能看見天父。」但這會被視作對神的褻瀆，或說這簡直瘋了，竟然強調基督教義上的人性至如斯地步，乃至於一個人可以認為自身等同於基督，以及其「同性同體」

（homoousia）。但是，按理推論的結果確實就是如此。若從正統的觀點來看，自然的四者一體可能被判定為「魔鬼的矇騙」（*diabolica fraus*），此說最大的證據，就是第四層面被吸收同化之後，會代表基督教宇宙觀中那應受譴責的部分。而就我推想，教會必然得將所有認真看待此結果之企圖，全都判為無效，教會甚至必須譴責企圖接近或處理這些經驗的行為，因為它不能承認，自然將教會所分離的事物加以統合了。自然的聲音（the voice of nature）在所有與四者一體關聯的事件之中，都可以清楚聽見，而它喚醒了一切與無意識心靈有所關聯的古老懷疑。對於夢境的科學探索，是一門古老的占夢術（oneiromancy），其受反對的程度與煉金術無二。在拉丁文的煉金術文獻中，可以找到與夢境的心理學非常相似之處，而且同樣地充滿異端思想[54]。看起來，人們的理性程度一度足以接受隱密與保護性的隱喻[55]。古老煉金術的象徵性思想與現代夢境一樣，都是源於無意識心靈，兩者也同樣屬於自然的聲音。

如果我們依然活在中世紀的思想背景中，人們對於終極事物沒有多少質疑，相信世界上所有歷史都是起自創世紀（Genesis），那我們便可輕易將夢境等事物予以漠視、置之不理；不幸的是我們活在現代情境中，人們懷疑終極的事物，史前史（prehistory）大幅增加，而人們很清楚知道，不管一個人擁有什麼樣的聖祕經驗，那也不過就是個心理經驗。我們不再想像一個環繞上帝寶座所運轉的天庭世界，我們也不再夢想在銀河系的背後尋找上帝。然而，人類的靈魂似乎藏有神祕性，對於經驗主義者而言，一切宗教經驗總歸而言，就是一種特殊的心靈處境。若我們想知道，對於擁有宗教經驗的人而言，這種經驗代表什麼意義，今日的我們完全可以去好好研究宗教經驗所有的可能形式。如果要說這有任何意義的話，對於擁有該經驗者來說，這代表了一切的意義，在仔細研究過證據之後，研究者至少必然會得到這個結論。我們甚至可以將宗教經驗定義為：一種以最高的感謝為特徵的經驗類型，無論其內容為何。現代人的精神，一如那句話所描述的：「教會之外無救贖」（*extra ecclesiam nulla salus*），終將轉向靈魂以求最後的希望。人們還能在哪裡獲得經驗？這個問題的答案，多多少少會像我先前描述的那樣。自然的聲音會回答這個問題的，而那些關心人類精神的問題的人，將會面臨新的難題。基於我病患們的精神需求，我被迫進行一項嚴肅的嘗試，也就是試圖去了解某些由無意識心靈所產生、具有強大暗示的象徵。為避免此話講得太深，到最後變成學究的討論與道德性的結論，我只能先點到為止。

一個宗教的主要象徵，總是表現出其內含的特殊道德與精神態度。舉例而言，我前面已提過十字架及其多樣的宗教意涵，另外一個主要象徵則是三位一體，三位一體擁有非常強烈的男性特質；然而，無意識心靈卻將三位一體轉變為四者一體，同時保持其統一性，正如三位一體中既有三個位格，又是唯一上帝。古代的自然哲學家將三位一體呈現為「自然的成像」（*imaginata in nature*），就如同三種「無形之體」（ἀσώματα）、或曰「氣」（*spiritus*）、或曰「易變性」（*volatilia*），即如水、空氣、火。另一方面，第四種構成成分，是「有形之體」（τὸ σώματον），也就是土或形體；自然哲學家以聖母作為有形之體的象徵[56]。藉此做法，他們將女性元素加進物質性的三位一體中，造就了四者一體或化圓為方（*circulus quadratus*），此象徵乃屬於雌雄同體的「雷比斯」（Rebis）[57]，也就是「智慧之子」（*filius sapientiae*）。中古時代的自然哲學家認為，第四元素無疑是指土與女性。邪惡之原理並沒有被公開提及，但是它曾在第一物質的有毒物質與其他暗示中出現。現代夢境中的四者一體乃是無意識之產物，正如我在第一章已解釋的，無意識經常被人格化為阿尼瑪，顯然四者一體的象徵也是從她所發，她是四者一體的母體（matrix），也就是「神之母」（θεοτόκος or Mater Dei）。但是，由於在三位一體的教義裡，女人及邪惡都被排除在上帝之外；因此如果宗教象徵是四位一體，則邪惡的元素也會形成一部分的象徵。我們不難想像，這等發展會造成影響深遠的精神後果。

【第三章】

一個自然象徵的歷史與心理學

雖然我不希望阻撓哲學的好奇心，然我傾向不要讓自己陷入這個四者一體象徵所衍生的倫理與知識討論。它在心理學上的作用深遠，而且深具意義，在實際治療上更有其重要角色。由於我們在此關心的並非心理治療（psychotherapy），而是心理現象的宗教層面，所以我必須透過自己在心理治療領域的研究，將歷史象徵與形象自其墓穴中挖掘出來[1]。在我還是個年輕心理學家時，我從沒料到自己會做這樣的事情，所以，倘若人們要將這些關乎四者一體、化圓為方，以及促進三位一體教義的異端企圖，視為某種牽強、誇張的東西，我並不會介懷。然事實上，我所有關於四者一體的探討，對於我最終、最重要的範型案例（paradigmatic case）而言，僅不過是種淺短且不全面的介紹而已。

在夢境系列的最初，圓圈便出現了。它以不同形態現身，例如一條蛇環繞做夢者的一個圓[2]。在後來的夢境當中，它又以時鐘、有中心點的圓、射擊練習的圓心靶、一個不斷移動的鐘、一顆球、一個球體、一張圓桌、一個盆子等等形態出現。稍後，方形也出現了，其與圓形運動相關聯[3]：人們順著方形廣場繞圈子走；一場魔法儀式（將動物變成人類）在一個方形房間中舉行，四個角落各有一條蛇，然後人們又順著四個角落繞圈子走；做夢者搭計程車繞行方形廣場；一座方形的牢房；一個自轉的空白方形，等等。在其他夢境中，圓圈是以轉動的方式呈現，舉例來說，有四個兒童拿著一個「黑環」（dark ring），以繞圈方式行走。圓圈的出現也會結合四者一體，例如一只銀碗內有四顆堅果，各自放置於羅盤方位的四點；或者是一張桌子配四張椅子。中心點（center）似會特別被強調出來，其象徵方式或者是一個環中的一顆蛋；或者是由一群士兵所組成的一顆星星；又或是一個圓圈當中有一顆轉動的星星，其羅盤方位四點則代表四季；又或者是極點、一顆寶石等等。

所有的夢境都指向一個景象，以突如其來的視覺印象襲向病患。他先前已經在不同情境下，瞥到或看過如此景象，但這一次則是印象最為深刻的經驗。他本人如是說：「這是至為崇高的和諧印象。」在此種案例中，**我們的**印象是什麼、或者**我們**對此有何想法，這些一點都不重要。唯一重要的是這名病患的感受，這是**他的**經驗，若此經驗對他的處境產生深刻的轉變與影響，在這件事上就沒什麼好爭辯了。心理學家能做的只是記錄事實，而若他認為自己的能力足以勝任，他可能會嘗試去理解，為何如此景象或作用會發生在這樣的人身上。這個景象對於該病患的心理發展而言，乃是一個轉捩點，這就是人們——用宗教用詞來說——所謂的皈信（conversion）。

以下是該景象的文字紀錄：

有一個垂直圈、一個水平圈，兩者有共同的中心點。這是一座世界時鐘，由一隻黑鳥所背負（患者在此提及從前的另一個景象，即一隻黑鷹帶著一個金環）。垂直圈是一片鑲白邊的藍色盤子，這個圓被區分為4×8＝32個區塊，有支指針在上頭轉動。水平圈是由四種顏色所組成，有四個小人站在圓圈上，他們帶著垂枝植物，一個金環（與先前景象中的金環相同）放置在圓圈上。

世界時鐘有三種律動：

一、小律動：藍色垂直圈的指針，每次移動三十二分之一（1/32）。

二、中律動：藍色垂直圈指針完整的一次轉動，與此同時，平行圈移動三十二分之一。

三、大律動：三十二次的中律動，等於一次完整的金環轉動。

這個景象總結了先前夢境中的所有暗示，它似乎企圖從先前破碎的符號中創造一個有意義的整體，然後再分類為圓圈、球體、方形、轉動、時鐘、星星、十字、四者一體、時間等等。

為什麼這種抽象的結構可以造就「至為崇高的和諧」感受，這固然很難理解，但是，如果我們想一想柏拉圖《蒂邁歐篇》當中的兩個圓圈，以及柏拉圖「世界靈魂」和諧的完美之圓，或許就能找出一條通達領悟的道路。再者，「世界時鐘」一詞暗示出古代的概念，也就是認為球體具有音樂性的和諧。這是某一種宇宙論的（cosmological）系統，如果這是一幅蒼穹及其靜默運轉的景象，或者是太陽系穩定運轉的景象，我們便能領會並欣賞這幅景象的完美和諧。吾人或可假設：柏拉圖式的宇宙景象，是在某種半意識的（semiconscious）精神狀態中若隱若現；然而，其中也有些事物並不符合這幅和諧完善的柏拉圖式景象。那兩個圓圈在本質上是不一樣的，它們不只在運動上有異，它們的顏色也各自不同；垂直圈是藍色的，而具有四種顏色的水平圈則是金色的。我們不難將藍色圈視為藍色天空的象徵，而水平圈則代表地平線，四大方位則人格化為四個小人，並由四種顏色所表現（在先前的夢境中，四方位點曾經由四個孩童、及稍後的四個季節所象徵）。這幅景象立刻會讓人想起中古時代對於世界的象徵，其或為球體，或為配有四福音作者的「榮耀統治者」（*rex gloriae*），或為以黃道（zodiac）構成地平線的「人體占星圖」（*melothesiae*）。「勝利基督」（triumphant Christ）之形象，起源似乎也來自類似圖像，也就是荷魯斯（Horus）及其四子[4,5]。在東方也有這樣的類比：佛教的「曼荼羅」（mandalas）或圓，其起源多來自藏族，佛教曼荼羅一般由圓形紅蓮（padma）或蓮花組成，其中包含方形神聖建築，建物有四座門，代表著四大方位與四季，居於中心點的是佛陀，或者更常見的是濕婆神（Shiva）與祂的莎克蒂（Shakti）之結合，又或者是「金剛閃電」（*dorje*）的象徵[6]。上述事物是一種咒具（yantras）或法器，其目的是為了追求冥思、入定，或者是瑜伽士（yogi）尋求讓意識終極轉化為神聖的覺悟（all-consciousness）[7]。

無論上述類比是何等驚人，它們並不能真正讓人滿意，因為它們全都極強調中心點，它們之所以存在，目的似乎就是要呈現中心形象的重要性。然而，在我們的案例當中，中心區域是「空」的，它只是一個數學上的點。前述的類比例子乃是在描述創造宇宙或統治宇宙的神祇，或者描述人類是如何依靠著天體星象；而我們這裡的象徵則是一座鐘，象徵著時間。關於這個象徵，我唯一可以想到的類比就是天宮圖（horoscope），天宮圖也有四個方位點，以及一個中空的中心。除此之外，尚有另一奇特的巧合：轉動這一動態在患者先前的夢境中經常出現，其通常是向左轉動，而天宮圖有十二格，往左運行，也就是逆時針方向。

然而，天宮圖的組成只有一個圓圈，而且它並無包含兩種明顯有別的系統，因此，天宮圖依然不是可以使人滿意的類比，雖然它對於此處象徵的時間層面能帶來一些啟發性。若不是藉助中古時代象徵主義的寶庫，我們很可能會被迫放棄繼續找尋心理學上類比的努力。我有幸知道一位名氣不大的十四世紀中古學者——紀堯姆．德．迪古勒維爾（Guillaume de Digulleville），他是薛里（Châlis）

地區的修道院院長，一位諾曼（Norman）詩人，在西元一三三〇至一三三五年間寫了三首《朝聖》（pélerinages）[8]，稱作《對人生、對靈魂、對耶穌基督的朝聖》（*Le Pélerinage de la Vie Humaine, de l'Âme et de Jésus Christ*），在最後一首《靈魂朝聖頌歌》（*Chant du Pélerinage de l'Âme*）中，我們發現了「天堂」（paradise）的景象。

天堂由四十九個轉動的球體組成，球體被稱為「百年」（*siècles*），它們乃是地球上世紀的原型。不過，幫紀堯姆嚮導的天使解釋道，教會所謂「永遠的時間」（*in saecula saeculorum*），指的是永恆而非一般的時間。有一片黃金蒼穹（golden heaven）包圍著所有的球體，當紀堯姆仰望著黃金蒼穹時，他赫然發現一個小圓圈，僅有三英呎寬，其色為寶石藍。他談到這個圓：「它於某時從黃金蒼穹中出現，又於某時重新進入，繞了一整個圈子。（*Il sortait du ciel d'or en un point et y rentrait d'autre part et il en faisait tout le tour.*）」顯然這個藍色圓圈像一個圓盤般，滾動於一個更大的圓圈上，並劃開了黃金蒼穹。

於此，我們看見兩種系統，一是金色的，一是藍色的，而其中之一切過了另一者。藍色的圓圈是什麼呢？天使再次向好奇的紀堯姆解釋道：

你所見的圓圈乃是日曆，
它的整套運轉，
會顯示各個聖徒的紀念日，
以及它們應當在何時被慶祝。
每個聖徒在一套運轉中出現一次，
你看見的每個星星代表一天，
每個太陽代表一段時間，
也就是黃道的三十日。

藍色圓圈是一部宗教日曆，於是我們有了另一項類比，也就是時間要素。吾人應記得該案例所見的景象中，時間是由三種律動來表達或衡量，而紀堯姆的日曆圓圈直徑長三英呎。此外，當紀堯姆凝視藍色圓的時候，忽然出現三個身披紫色的聖靈，天使解說道：這段時刻正是這三位聖徒的節日。天使繼續談論整個黃道帶。當天使說到魚的符號時，他談到在紀念「聖三位一體」以前，有「十二位漁人」的節日。此時，紀堯姆告訴天使：自己從來不真正了解三位一體的符號，他請求天使好心向自己解說這項奧祕，天使的回答是：「好吧，這裡有三種主色：綠色、紅色與金色。」我們可以從孔雀尾巴看見這三種顏色的統合，天使繼續說：「那全能的君主，能將三種顏色統一，難道祂不能讓一分為三嗎？」天使說：金色屬於聖父（Father），紅色屬於聖子（Son），綠色則屬於聖靈（Holy Ghost）。天使警告詩人，不許再問更多問題，接著便消失了。

從天使的教誨當中，我們幸運地得知，三顏色與三位一體有關。而由此我們也了解到，先前岔開討論關於三位一體神祕冥思，並沒有太過離題。同時，我們也看到了顏色的目的，惟不幸的是，我們的患者看見的是四個顏色，而紀堯姆——或說是天使吧——只談到金、紅、綠三種顏色而已。吾人於此或許可以引述《蒂邁歐篇》開頭的幾句話：「這裡有三，剩下的四在哪裡？」或者，我們可以引用歌德（Goethe）的《浮士德》（*Faust*），其中第二部著名的卡必瑞（*Kabires*）的場景，人物們帶來了神祕的「森嚴的群像」（*streng Gebilde*），可能是來自海中的「森嚴意象」（severe image）。

患者夢境中的四個小人是侏儒（dwarf）或卡必瑞，它們代表四方位與四季節，也代表著四顏色。在《蒂邁歐篇》、《浮士德》與《朝聖》中，數字四都不見了。那個不見的顏色顯然是藍色，藍色是屬於黃、紅、綠的系列之一。為什麼藍色會不見呢？日曆有哪裡不對嗎？或者時間出了問題，還是藍色出了什麼錯？

可憐的老紀堯姆一定也為同樣的問題所困：「這裡有三，那四在哪裡？」他確實急切地想要聽到關於三位一體的事情，因為如他自己所說，他對此從來沒有真正了解過。而有些可疑的是，天使似乎趕著離開，免得讓紀堯姆問出更多尷尬的問題。

好吧，我假設紀堯姆在身處天堂時，是處於無意識狀態，否則他一定會根據自己所見做出某些結論。他到底看到了什麼呢？首先，他看見球體或「百年」，其中居住著獲得永恆祝福的人。接著他見到黃金蒼穹，也就是「金天」（*ciel d'or*），其中天王坐在黃金寶座上，旁邊是天后（Queen of Heaven）坐在棕水晶圓座上。後者這個細節顯示出瑪麗亞（Maria）應該是帶著肉體來到天堂，這是在死者復活之前，唯一能夠與肉體結合的人類生命。在此類象徵之中，君王通常是勝利的基督，與之相連者乃是作為其新娘的教會；然而最重要的是，那位君王，也就是基督，同時也是三位一體，而數字四則是他的王后。藍色乃是瑪麗亞聖衣的顏色，她是土地，被天空的藍罩覆蓋著[9]，根據基督教教義，瑪麗亞只是「有福者」（*beata*），並不是「神」；再者，瑪麗亞代表著土地，而土地同時也是肉體及肉體所包含的黑暗。這就是為什麼大慈大悲的瑪麗亞會是替所有罪人懇求的中介者。

從這珍貴的中古心理資料當中，我們對於這位病患的曼荼羅之意義，可以有更深的認識。患者夢見的曼荼羅已然統合了「四」，它們和諧地共同運轉。我的患者自小經歷天主教徒的成長過程，因而在不知不覺中，讓老紀堯姆困擾不已的問題，竟同樣找上了他。這在中古時代確實是個大問題，也就是三位一體以及其所排除——或說非常有限地承認——的女性要素、土地與肉體；但是，後者卻以瑪麗亞子宮的形態，成為上帝的神聖居所，而且是救恩工作中不可或缺的一道連結。我這位患者所見的景象，是這個數百年大問題的一種象徵性答案；或許這便是更深層的理由，可以解釋為何世界時鐘會帶來「至為崇高的和諧」印象。在物質與精神之間、渴望肉體與愛上帝之間的毀滅性衝突中，這或許是第一次暗示了可能的解決之道。在教會夢境中那個悲慘且無效的妥協，已完全被這裡的曼荼羅意象所克服，所有對立都得到了調解。於此，若吾人可以引用舊時畢達哥拉斯學派「靈魂是個方形」的觀念[10]，這裡的曼荼羅則是透過三種律動來呈現上帝，並透過四者一體——分為四種顏色的圓——來呈現靈魂，而它最深沉的意義，便是靈魂與神的結合（union of the soul with God）。

此外，世界時鐘同時也代表著化圓為方以及永恆運動（*perpetuum mobile*），而這兩種中世紀思想，也在此曼荼羅之中得到了適切呈現。根據紀堯姆所述，金環與其內容，以四個卡必瑞、四種顏色的形態來代表四者一體，而藍色圓圈則代表三位一體與時間的運作。在我們的案例中，藍色圓圈的指針運動速度最快，而金色圓圈的指針則動得很慢。但是，在紀堯姆的金色蒼穹中，藍色圓圈似乎顯得不很調和，而在我們的案例中，諸圓圈則可以和諧地結合。三位一體乃是這整套系統的生命與「脈動」，同時伴隨著三種律動，以三十二——四的倍數——為週期。因此，在一方面是圓圈及四者一體，另一方面是三種律動，這兩方面互相滲透，乃至彼此涵攝。在紀堯姆的版本裡，三位一體是明顯的，但四者一體則隱藏在天王與天后的二元性之中。此外，藍色並不附屬於天后，而是日曆的顏色，日曆象徵的是時間，且具有三位一體的性質。看起來，它類似於我們的案例，乃是屬於互相滲透的狀況。

各種性質與內容的互相滲透，乃是象徵的常見情況。在基督教的三位一體中也能發現。聖父在聖子之中，聖子在聖父之中，聖靈在聖父或聖子之中，或者同時滲透兩者。從聖父到聖子的進程，代表著時間要素，但空間則必須透過聖母而人格化（母性最初是被歸諸於聖靈，當時有某些基督徒將聖靈稱為「大智慧」〔*Sophia-Sapientia*〕[11]。這種女性性質無法完全去除，至少它依然附屬於聖靈的象徵之中，即「聖靈之鴿」〔*columba spiritus sancti*〕）。可是，在基督教教義中，完全找不到四者一體，即便它在早期教會的象徵中曾經出現過，我指的是包在圓圈當中的正十字架、勝利的基督與四福音作者、四獸等等。在後期的教會象徵中，「神祕玫瑰」（*rosa mystica*）、「虔奉容器」（*vas devotionis*）、「祕密噴泉」（*fons signatus*）和「封閉花園」（*hortus conclusus*），則成為聖母以及聖靈化土地的屬性[12]。

吾人案例中的曼荼羅抽象地、甚至數學地呈現出某些中世紀基督教哲學已豐富討論過的重要問題。因為它是如此抽象，以致於假使沒有紀堯姆所見意象帶來的幫助，我們確實很有可能忽略該案例當中，那廣博的、具歷史性的根源體系。該病患對此類歷史材料沒有任何了解，他所知道的程度，大約就相當於任何在童年曾接受過一點宗教教育的人，他完全看不出自己夢見的世界時鐘與宗教象徵有什麼關聯。因此，吾人應可了解，夢中景象包含的東西，乍看並不會使人聯想到宗教；然而，那個景象是緊接著「自我控制之屋」夢境不久之後出現的，而且再次回答了「三」和「四」的問題，這個問題亦已呈現在先前的夢中。夢境裡有一個長方形的空間，在四邊上放置了四個高腳杯，杯中裝著有顏色的水，一杯是黃色，一杯是紅色，第三杯是綠色，而第四杯是無色。很顯然，藍色在這裡消失了，可是在更早的夢境裡，藍色與其他三種顏色是有關係的，那個夢境是大山洞中裡的一隻熊，那隻熊有四隻眼，各自散發紅色、黃色、綠色，以及藍色的精光。讓人十足吃驚的是，在之後的夢境裡，藍色居然消失了，而且通常會出現的正方形，竟然變成從未出現過的長方形。此種明顯干擾之所以出現的原因，乃是一種對阿尼瑪代表的女性要素之對抗。在「自我控制之屋」的夢裡，那個聲音已然確認此事實，它說：「你正在做的事情很危險。宗教不是一種稅，讓你透過繳稅來擺脫那個女人的形象，因為此形象是不可或缺的。」此處的「女人形象」正是所謂的「阿尼瑪」[13]。

一個人會想抗拒他的阿尼瑪，這是很正常的，因為如我先前所說，她象徵著始終被意識生命所排除之無意識，及其所有的傾向與內容；而這些事物之所以被排除，有幾個真實而明顯的理由。那些事物有些是被壓抑（suppressed），有一些則是被潛抑（repressed）。通常來說，那些反映出人的心理結構（psychical structure）——我稱之為人人內心「統計學上的罪犯」（statistical criminal）——中的反社會因素的傾向，是被壓抑（亦即有意識且蓄意除去）的。然而，那些只是被潛抑的傾向，通常只是有些可疑，它們並不能確定為反社會，而是屬於非傳統的、或是在社會標準下不宜或令人尷尬的。至於為何人們要潛抑這些傾向，理由同樣也有點可疑。有些人只是出於怯懦，有些人是基於傳統的道德觀念，還有一些人是為了維持自己的體面。

潛抑是在某種半意識（half-conscious）與半心思（half-hearted）下放棄某些東西，像是掉了燙手的蛋糕，或是咒罵長得太高的葡萄，或是朝另一方向看以便不要意識到欲望。佛洛伊德已經發現，潛抑是精神官能症形成的主要機制之一。壓抑意味著有意識的道德抉擇，但潛抑則是一種不道德的「偏好」（penchant），以擺脫令人不愉快的抉擇。壓抑可能導致憂慮、衝突和痛苦，但不能造成任何常見的精神官能症，精神官能症乃是合法之痛苦的替代品。

若吾人將「統計學上的罪犯」排除，依然會剩餘大量的劣等素質與原始取向，這是屬於那種較無理想、更為原始的心理結構，夠不上我們的自我期許[14]。我們對於一個文明人、讀書人、有道德的人應該怎麼活，是有某些理念的，而我們偶爾會發揮最佳表現以達成此等宏願。但是，大自然並沒有賦予她的每個子孫相等的祝福，有些人的天賦多、有人比較少。所以，有些人有能力活得正當、活得有尊嚴，讓人找不出明顯的缺陷；他們或者犯的是小錯——倘若他們會犯錯的話，又或者連他們自己都意識不到自己犯了什麼罪。犯錯的人如果對自己的罪過沒有意識，人們對此通常會比較寬容，雖然法律有時會懲罰無意識的情況，但教會的告解所處理的，就只有你本人自覺有罪惡感的那些行為。但是，大自然對於無意識的罪人，是絕不寬貸的，她懲罰他們的程度，其嚴厲一如他們是有意識地犯錯一般。由此我們發現，正如虔誠的莊蒙德（Drummond）業已論及，高度道德的人在沒有意識到自己「另外一面」的狀況下，發展出特別易怒、如地獄般的情緒，連親戚都受不了他們。聖人的名聲或許影響深遠，但是若要和聖人一起生活，反可能使道德天賦較低的人產生自卑感，甚至會產生不道德的野蠻爆發。道德似乎類似於智力，乃是一種天賦，當它不是天生的時候，你或許可以破壞它，但無法由外將它強加於一套系統之內。

不幸的是，整體而言，這位先生確實沒有他自己所想的那麼善良，或沒有他自己所希望的那麼善良。每個人都有自己的陰影，陰影在個人意識生活中顯現得愈少，它就會愈黑愈濃[15]。如果意識到自己的低劣之處，就有機會可以加以矯正，尤其因為這始終牽涉到這個人在其他方面的利益，所以它總是會受到控制並修正；可是，倘若低劣之處被潛抑，被孤立於意識之外，它便永遠不能被矯正了。更有甚者，它很可能在不自覺的情況下爆發出來。無論如何，它會形成一個無意識的暗礁，阻絕所有最良善的企圖。

我們身上背負著我們的過去，換言之，原始的、較劣等的人也背負著他的欲望與情緒，我們必須付出非常大的努力，方有可能擺脫這個負擔。如果它們演變為精神官能症，我們面對的就是一個非常、非常濃黑的陰影。如果一名像這樣的患者希望能被治癒，那麼就必須找出一條路，讓此人的意識人格與他的陰影能夠共同生存。

無論是對於處在此種困境的人、或是得幫助別人活下去的人而言，這都是一個十分嚴肅的問題。如果僅僅是去「壓抑」陰影，治療效果就像是以砍頭來治療頭痛。毀滅一個人的道德士氣，也並不會有所幫助，因為這會殺死他更好的自我，而失去了這更好的自我，陰影也就沒有存在的意義。這兩種極端要如何和解，是一個絕大問題，自上古時代以來，它就困擾著一些人的心靈。我們知道西元二世紀的傳奇人物卡波克拉底（Karpokrates），他是個諾斯替主義者[16]，他將《馬太福音》第五章二十五節（Matthew 5.25）當中「你和你的敵人如果在同一條路上，就趕緊與他和解」，詮釋為：敵人的意思是「肉體的人」（somatic man），因為活著的肉體對於人格而言，是不可或缺的部分，所以這段話其實應該這麼讀：「你和你自己如果在同一條路上，就趕緊與對方和解。」教會中冥頑不靈的教父們自然不會欣賞或肯定這個細緻、微妙而且——從現代觀點看來——非常務實的論點。這個論點是危險的，對於一個已經忘卻了人為什麼應該——為了比人自身更偉大的理念——犧牲奉獻的文明而言，這也是最重要、且最棘手的問題。如果生命讓人出現有意義的感受，人會願意將生命投注在精采非凡的事物上，只要這些事物對他是有意義的便足夠，困難的是如何創造出這樣的意義。它必然得是一種堅定的信念，然而你會發現，即使是人所能發明的最具說服力的事物，也無一不是廉價的、現成的，它們永遠不足以讓人說服自己，去對抗個人的欲望與恐懼。

被我稱之為陰影的受潛抑傾向，如果必然就是邪惡，那倒不會有什麼問題，但是所謂陰影，只不過是某種比較劣等、原始、未琢磨的、笨拙的東西，它並不是全然的惡。它甚至包含低等的、兒童的、原始的素質，會以某種方式使人的存在更具活力、更加美好，但「這些並沒有發生」。受過教育的大眾——人類當今文明的花朵——已經失去了根，喪失了其與大地土壤的關聯。當今世界上沒有任何一個文明國家，其社會下層不是處在躁動與不滿的狀態中；在為數不少的歐洲國家中，此種狀況甚至還蔓延至社會上層。這樣的混亂情況，正是我們當今心理問題之極大規模的彰顯。集體事實上就是諸多個人的匯聚，因此，他們的問題其實也是個人問題之匯聚。有一群人自居為更優越者而惡居下流；另外一群人則自認是低等的人，並力圖向上。

這類問題絕不可能靠立法或一些小手段來處理，只有整體態度的轉變方可能帶來解決，而此等轉變的開始，並不是宣傳、群眾集會或者暴力手段，而是始於個人的內在改變，其轉變會持續表現在他們的個人好惡、人生觀與價值觀上，而唯有此種個人轉變漸漸匯聚起來，方能創造出集體的解決之道。

受過教育的人企圖潛抑那個低劣的自我，但卻不了解，這麼做其實是在強迫後者發動革命。這個特徵也反映在我的病患身上，他曾經夢見一支軍隊，企圖要「將左翼勢力徹底扼殺」。有人表示：左翼力量已經很衰弱了，但那支軍隊卻答覆道：這正是應當全盤扼殺左翼力量的原因。這個夢境顯示了我這名患者是如何對待他的低劣自我，而這顯然並非正確的解決之道。相反地，「自我控制之屋」夢境，則顯示了宗教態度乃是回應他問題的正確答案，而曼荼羅似乎更進一步擴大了這一觀點。我們知道在歷史上，曼荼羅的功能是作為一種象徵，以便從哲學角度去澄清神祇的性質；又或者是要以可見之形式來表現神祇，以達到敬拜的目的；又或者它是作為東方瑜伽儀式中的咒具。天圓（celestial circle）的完整性與大地的四方形，統合四大原則、四大元素、或四種心理素質[17]，呈現出完美無缺及統一。因而，曼荼羅擁有「調和的象徵」之德性[18]。正如上帝與人類之和解，是透過基督或十字架的象徵而表達出來，我們也可以設想該病患的世界時鐘擁有類似的調和意義。在受到歷史類比的成見影響之下，我們預期見到一位神祇居於曼荼羅的中央，然而，該曼荼羅的中心卻是空的，屬於神祇的位置空無一物。雖然事實上，若根據歷史模型來分析曼荼羅，即可推知：神是由圓圈所象徵，而女神是由方型所象徵。除了「女神」，我們也可以稱其為「土地」或「靈魂」。不過，與我們的歷史成見不同，事實堅稱這個曼荼羅裡頭沒有神祇的蹤跡（一如在「自我控制之屋」內，佔據神聖意象位置的乃是四者一體），反之，它是一套機制。我不認為吾人有權力無視如此重要的事實，而去贊成一個先入為主的觀念。一個夢或者一個意象，就是它所呈現的那樣，它不是其他事物的偽裝，它是自然的產物，也就是完全不具外來動機的東西。我曾經見過數百個曼荼羅，它們來自於不太受到前述成見影響的病患們，而我在絕大多數的案例裡發現同樣的事實：沒有神祇佔有中央的位置。中心被強調為一種規則。我們在那裡發現某些意義非常不同的象徵，它會是一顆星星、一顆太陽、一朵花、一座正十字架、一粒寶石、一杯盛滿水或酒的碗、一條盤繞的蛇，甚至是一個人，但從來不會是神。

當吾人在中世紀教堂的玫瑰窗上發現勝利的基督時，我們會正確地設想，這必然是基督宗教禮拜儀式的中心象徵。與此同時，我們也會設想，任何根源於人類歷史的宗教，它就是人類心理狀態的一種呈現，就像——舉例來說——人們所發展出的政府形式一樣。若吾人將相同方法套用到現代曼荼羅，即人們在夢境或意象中所見，或人們透過「主動想像」（active imagination）所發展出來者，就會得到以下結論：這些曼荼羅是某種我們不得不稱之為「宗教」態度的表達。宗教是人與一種最高或最強價值的關係，無論此價值是正面還是負面。這一關係是自願的，同時也是非自願的，意思是說，你可以有意識地接受你在無意識中擁有的價值。而因為會被稱之為神的，總是那具有壓倒性力量的心理因素，因而一個心理事實是，在你的系統當中最強大之力量，也就是神。倘若一個神不再是這種強大的因素，祂就會淪為一個名字、一種稱呼，祂的本質已經死去、力量已然消逝。為什麼古代的神明們會失去威望，或者喪失其對人類靈魂的影響力呢？原因正在於，奧林帕斯山的眾神（Olympic gods）已在祂們的時代裡發揮過作用，而一種新興的神話開始了：上帝化身為人。

若吾人允許自己從現代的曼荼羅中做出結論，我們應該問人們的是：首先，他們是否崇拜星辰、太陽、花朵或蛇虺？他們會否認，並且主張：天體、星星、十字架等等，是象徵他們自己的中心（center）。倘若繼續追問：所謂「中心」是在指什麼？他們就會開始結結巴巴，並提到某些經驗，其情況或許很類似我那位病患的告白——那位患者認為世界時鐘的意象是種完美的和諧，讓他感覺非常棒；或者，遇見類似景象的人們可能會坦白：那意象讓他們感到極度的痛苦及沮喪；又或者，有人會認為它是一個崇高夢境的紀念，或是漫長且徒勞的憂慮結束，終於找到平靜的時刻。如果將人們所述說的經驗加以總結的話，你可以這麼表述：他們面對了自己，他們可以接納自己，他們變得能與自己和解，由此，他們也能與負面的環境或事物和解。這其實非常類似於前文所提過的一種表達：他與上帝和解，他犧牲了自己的意志，讓自己順服於上帝的意志。

現代的曼荼羅是某種特殊精神狀態之不自覺的告白，在此當中，沒有神祇，也沒有對於神明的順服或和解，神祇的位置似乎是由人的完整性（wholeness of man）所佔據[19]。

當人談到「人」的時候，每個人其實都是在指他自己的「自我人格」（ego personality），也就是他有所意識的人格，而當人談到別人的時候，每個人都假設別人也擁有非常類似的人格。然而，現代研究讓我們理解，個體（individual）的意識，乃是建立在擴張而界線不確定的無意識心靈之上，或說是被這樣的無意識心靈所包圍，因此，我們必須修正自己過時的偏見，也就是主張「人」就等同於其意識的想法。這種太過天真的假設，立刻就會遇上一個大問題：誰的意識？這是他的意識，或是別人意識中與他有關的部分？將「我對自己的看法」與「別人對我的看法」加以調和，是一項艱難的任務。誰才是對的呢？誰才是真正的個體呢？當我們更進一步思考，會發現在實際上，人既不是他自身，也不是別人對他的認識，而是某種未知的東西，其存在還不能被證明，身分（identity）問題遂變得更加困難。事實上，要定義「心理性存在」（psychic existence）之延伸及其終極性質，是不可能的。現在我們談到「人」的時候，我們指的是那個無法定義的「全部的他」，是那「不可名狀的整體」（ineffable totality），只能透過象徵的方式來呈現。在此，我採用「自體」（self，編按：此詞亦被譯為「自性」、「自我」、「本質我」等。）一詞來指稱人的整體，也就是意識存在與無意識存在的整體總和[20]。我選擇這個詞彙，乃是依據東方哲學[21]，它們幾百年來都在處理當神不再變成人時所出現的問題。《奧義書》（*Upanishads*）哲學所呼應者乃是一種心理學，其於很久以前便辨識出神祇們的相對性（relativity）[22]。但請不要將此與無神論混淆了，這會是非常愚蠢的錯誤。這個世界一如往常，惟我們的意識經歷了特殊的變化。首先，在遙遠的古代（在現存原始部落也能觀察到），精神生活（psychical life）的主要部分顯然存在於人類和非人類的物體中，我們應該這麼說：它是被投射（project）出來的[23]。在全然的投射中，意識是很難存在的，它至多只是一堆情緒而已。若將投射予以撤除，有意識的知識（conscious knowledge）便會緩慢地發展，很奇妙地，科學實際上是從天文定律的發現開始的，這是將世界去靈化（despiritualization）的第一階段，自此一步接著一步。在上古的時候，人們就已將山脈、河川、樹林、動物中的神祇給移除了；而我們的科學更將它的投射減少至幾乎無法辨識的程度。可是，我們日常的精神生活依然充斥著投射，你可以發現投射蔓延至新聞報紙、書籍、謠言與巷議街譚，一切實際知識的裂縫當中依然塞滿了投射。而我們依然很確定自己知道別人在想什麼、知道別人的真實人格是什麼。我們確信有些人的素質很壞，自己則沒有那些壞成分，或者我們確信某些人活在罪惡當中，而那些惡我們自己永遠不會有。我們必須極為謹慎小心，以防不要太過於無恥地去投射自己的陰影；我們身邊依然充斥著各種投射的幻覺。倘若你想像有個人勇於全盤撤除這些投射，撤除了所有的人，結果將是充滿濃重陰影的個人意識。這樣的人會使自己碰到新的問題與衝突，他將成為自己的嚴重問題，因為如此他便不能說：那些事是**他們**做的、**他們**是錯的、應當要對抗**他們**。於是他住進了「自我控制之屋」。這樣的人知道，這個世界無論出了什麼錯，那些錯他自己都有，而若他學會如何處置自己的陰影，他便真的為世界做了一些貢獻。對於今日人類尚未解決的巨大社會問題，他至少成功化解了一小部分，那些問題在相互投射（mutual projection）之下，變得極為棘手且深具毒害。如果一個人連自己都看不見，也看不見他自己在無意間帶進其所有關係中的黑暗，他又怎麼能夠看清問題呢？

現代心理學的發展，使我們對於「人」真正的組成有了更深入的理解。起初，神明們擁有超越人類的力量與美，居住在白雪皚皚的山上，或住在洞穴、樹林與海洋的黑暗裡。後來，眾神綰合為一神，再後來，神化身成為人。但是，我們這個時代的眾神，聚集於尋常個人的膝上[24]，但依然與以往一般強大且令人敬畏，雖然祂們已有了新的偽裝，即所謂「心理功能」（psychical function）。人們自認為一手掌握了心靈，甚至夢想打造出某種心靈的科學；但真相是：心靈才是母親、心靈才是創造者，心靈才是心理的、甚至意識的主體。心靈所到達的地方，遠遠超出意識的界線，相較而言，意識簡直是汪洋中的一座孤島，這座島又小又窄，而海洋廣闊又深邃，所以，如果這是一個空間的問題，那眾神究竟是在內還是在外，根本就不重要了。可是，倘若這個世界去靈化的歷史進程——也就是對投射的撤除——在今日依然持續著，那麼，一切神聖抑或魔鬼的性質，終將回歸於靈魂、回歸「未知之人」（unknown man）的內在。首先，物質主義的謬誤似乎是無可避免的，由於在銀河系中找不到神明的寶座，人們便會推論以為神從來就不存在。第二種無可避免的錯誤則是心理主義（psychologism），認為如果真的有神的話，祂一定是源自某種動機，如某種恐懼、權力意志、或被潛抑的性慾所帶來的幻覺。上述觀點並非新穎之說，當基督教傳教士們在推翻異教眾神的偶像之時，便已經有類似的說法；可是，早期的傳教士們是自覺地對抗舊的神祇，以服侍新的上帝，而現代的聖像破壞者（iconoclasts）並不自覺自己是以誰之名在破壞昔日價值。尼采在打破舊匾時，頗富於自覺與使命感，但他仍會感到某種特殊需求，他需要藉由重生的查拉圖斯特拉，作為某種第二人格、某種「第二自我」（alter ego），來支撐起自己，在其偉大的悲劇作品《查拉圖斯特拉如是說》當中，他也經常這樣自我認同。尼采不是無神論者，但是尼采的上帝已死，其結果是：尼采分裂了，他感到自己被迫稱呼另一個自我為「查拉圖斯特拉」，或者在其他的狀況下稱之為「戴奧尼修斯」。尼采病危之際，他在信件的署名是「札格柔斯」（Zagreus），也就是被截肢撕裂的「色雷斯人（Thracians）的戴奧尼修斯」。查拉圖斯特拉的悲劇在於，因為尼采的上帝已死，於是尼采自己變成一個神；這件事之所以發生，是因為尼采不是無神主義者。尼采的本性太積極了，乃至於他不能滿足於消極的信條，對這樣的人而言，宣告上帝已死是危險的，他立即淪為「膨脹」（inflation）的犧牲者[25]。由於上帝的概念代表一重大的、甚至是壓倒性的心理強度（psychical intensity），在某種程度上，比較安全的做法是：相信這種自發性的強度是一個「非自我」（nonego），或許是一種完全異於或超越人類的實體——「全然的另一位」（*totaliter-aliter*）。面對這樣的信念，會令人自覺渺小，大概就像他實際上那般小。然而，如果他宣稱這「令人畏懼者」（*tremendum*）已死，那麼他便會馬上發現，這股奇大的力量，也就是曾經注入於上帝這般偉大存在的力量，不知道消失到哪裡去了。它可能會以另一個名字重新現身，它可能自稱為「奧丁」或「國家」，或者某種以「主義」（-ism）結尾的東西，甚至包括無神主義，這些是人們所相信、希冀和盼望的東西，正如從前他們的上帝那樣。如果它沒有以新名字的偽裝出現，那它必然會回到那個已被宣告死亡的精神之中。由於這牽涉到巨大的能量，其所帶來的心理困擾也將同樣巨大，其以「人格分裂」（dissociation of personality）的形態出現。這種分裂可能造成雙重或多重人格，彷彿因為單一個體無法承擔全部的能量，於是本來作為功能單位的部分人格立即分離，並承擔起自主人格（autonomous personality）之尊嚴與重要性。

幸好，在其餘人類之中，像尼采那般敏感而有宗教情懷的人並不多，對於愚鈍的人來說，丟失了上帝的觀念，什麼事也不會發生——至少不會立即發生，或不會發生在他個人身上。然而在整個社會中，群眾會開始產生精神上的流行病（mental epidemic），我們現在已可看見不少例證。

曼荼羅所呈現的經驗，是人們不再能夠投射神聖形象的典型狀況，他們處在「膨脹」與「解離」的實在危險當中。因而，封閉的圓形或方形，其實具有魔法的價值，能夠建築起保衛的城牆或「赫密士的容器」（*vas hermeticum*）[26]，防止爆發或解體的狀況出現。因此，曼荼羅代表並支持著一種自我的格外專注，然其狀態絕對不是自我中心（egocentricity），相反地，這需要高度的自我控制，以避免自我的膨脹和解離。

就像我們先前看到的，封閉形狀在希臘文中亦有「神殿之地」（τέμενος），也就是神廟或任何孤立的神聖場所[27]之意義。在此案例中，圓圈保衛、或說隔離了那些不應與外在事物混雜的內部歷程，所以，曼荼羅是象徵性地重現了古代的狀況與方法，這些象徵在以往都是具體的現實情況。如我先前所言，居住在神聖園地（*temenos*）中的乃是神祇；然而，曼荼羅當中那個被監禁或嚴密保護的居住者，看起來卻並不是神，出現在那裡的象徵，包括星辰、十字架、球體等，也並不意指神明，更像是意味著人類人格中最重要的部分。我們或許可以說：那個人自己，或至少說是他最內在的靈魂，就是曼荼羅當中那位被監禁或保護的居住者。由於現代曼荼羅與古代的魔法圓——我們通常在後者中央發現神祇——驚人地極其類似，這明白顯示了：在現代曼荼羅之內，人——完整的人——已取代了神祇。

十足讓人驚訝的是：此種取代是自然、自發地發生的，而且基本上一直都是無意識的。倘若我們想知道一個人若不再將神祇觀念投射為一個自主實體，會發生什麼事，人類的無意識心靈將這樣回答：無意識在神的位置（*loco dei*）上創造了新的「人」的概念，被神化或具神性的人被監禁、隱藏、保護，其通常會被去人性化（dehumanize）並以抽象的象徵符號加以表達。這些象徵經常影射中世紀的小宇宙（microcosm）及大宇宙（macrocosm）觀念，就如我這位病患案例中的世界時鐘。

另一項令人驚訝的事實是：造就曼荼羅的諸多過程，以及曼荼羅本身，似乎都是中世紀某些玄思的進一步確認，簡直就像這些人讀過關於賢者之石、永恆之水（*aqua permanens*）、神聖之水、圓、方、四色等等古老文獻一樣，但其實，他們根本不曾接觸任何煉金術哲學與玄密的象徵符號。

要正確地看待這些事實，並不是簡單的任務。假若人們主要著眼於它們與中古時代象徵符號之間明顯且令人印象深刻的相似性，就可能將其解釋為一種向古代思維方式的退化。可是，假使這真的是退化至古老形態的問題，其結果應當會每況愈下，以及出現相應之下的效能缺乏；然而，這絕非此種發展的典型狀況。相反地，精神官能症與解離的情況，反而頗見改善，人們的整體特質也愈變愈好，這種改變是進步的，而且並未帶來任何傷害。基於這些理由，我認為，目前討論的這一歷程，實不應當被解釋成退步。我更傾向將其理解為心理歷程（psychological process）的真正延續，這種心理歷程濫觴於中古時代初期，甚至是更久之前的早期基督教時代，文獻證據顯示，這些重要象徵在西元一世紀便已存在。我指的是關於「大祭司卡瑪瑞歐斯（Komarios）教導克麗奧佩脫拉

（Kleopatra）神聖技藝」的希臘文文獻[28]，這份文獻當然是屬於異教的、埃及的起源。此外尚有第三世紀時，諾斯替主義者佐西穆斯（Zosimos）的神祕文獻[29]，於此，我們會注意到猶太教與基督教的影響，雖然主要的象徵符號依然明顯是屬於異教的，而且與《赫密士文集》（*Corpus Hermeticum*）的哲學有密切關聯[30]。

事實上，與曼荼羅相關聯的象徵符號，其親屬關係可以追溯至異教源頭，此情顯然特別能夠啟發我們對現代某些心理現象的理解，這些心理現象似乎在沒有直接傳統支持的情況下，延續了諾斯替主義的思想方向。在我的假設中，所有宗教都是某種主導性心理狀態的自發表述，如果這項假設正確，那麼基督教就是其中一種狀態的表述，它自我們這個時代之初便佔據主導地位，之後又繼續維持了好幾百年。但雖然基督教表達了在當時主導性的心理狀態，但這並沒有排除其他心理狀態的存在，而後者也同樣能夠呈現宗教性表達。基督教必須用盡全力對抗諾斯替教派，眾所周知，它是另一種足以與「基督教的」前提條件旗鼓相當的心理狀態；諾斯替教派因此完全被消滅，其殘餘部分也受到嚴重損害，以致於任何想深入了解其內在意義的人，都需要透過專門的特殊研究。但是，如果我們這些象徵之歷史根源，已延伸越過了中古時期，那它們必然存在諾斯替教派之中。

我必須承認，一個原本受到壓抑的心理狀態，當壓抑它的主要觀念開始衰弱時，它若再度自我伸張，這在邏輯上多少是說得通的。儘管飽受鎮壓，諾斯替異端仍繼續以煉金術的喬裝，持續存在於整個中古時代。眾所周知的事實是：煉金術乃是由兩個彼此不可或缺的部分所組成，一是純粹的化學研究，二則是「理論」（*theoria*）或「哲學」（*philosophia*）。被歸諸於第一世紀的偽德摩克利圖（Pseudo-Demokritos）的作品題目「物理與祕密」（τὰ φυσικὰ καὶ τὰ μυστικά）業已顯示[31]，這兩部分在西元之初就已經被聯繫起來了。第三世紀的《萊登紙莎草紙集》（Leyden papyri）以及佐西穆斯的作品，也證明了相同的情況。古代煉金術的宗教與哲學觀點很明顯屬於諾斯替教派，其哲學觀點環繞著一個奇特而曖昧的思想，它或許可以用以下說法加以表述：世界靈魂、戴米烏爾、或孵化了太初渾沌之水的神聖之靈，都以潛伏狀態續存於物質中，而原初的混亂狀況亦與之同在[32]。由此，哲學家們——或如其所自稱的「智慧之子」們——將他們著名的第一物質，當作孕育著靈體的原初混沌之一部分。他們將「靈體」（spirit）理解為某種半物質的氣（*pneuma*），某種「隱約而微妙的東西」，其也被稱為「易變」（volatile），在化學上被認知為氧化物及其他可分解的化合物。哲學家們將靈體稱為墨丘利（Mercury），即化學中的水銀、哲學中的赫密士，後者也就是啟示之神（god of revelation），而其身為「三重偉大的赫密士」（Hermes Trismegistos），也是煉金術的宗師[33]。哲學家們的目標，是從混沌中提取原初的神聖靈體，這種被提取出來的東西稱為「第五元素」（*quinta essentia*）、「永恆之水」、「神聖之水」（ὕδωρ θεῖον）、「紅液」（βαφή）或「藥液」（*tinctura*）。盧佩西撒的約翰尼（Johannes de Rupescissa, 1378）是享有盛名的煉金術士[34]，他將第五元素稱為「人類之天」（*le ciel humain*），他認為這是一種藍色的液體，與天空一般不朽；他說第五元素乃是天空的顏色，而「我們的太陽裝飾它，正如太陽裝飾著天空」，太陽是黃金的比喻，他表示：「太陽乃是真金。」（*Iceluy Soleil est vray or.*）然後說道：「此二事物共同影響我們……

一個是天中之天，一個是天上的太陽。」（*Ces deux choses conjointes ensemble, influent en nous . . . les conditions du Ciel des cieux, et du Soleil céleste.*）顯然，他的觀念是：第五元素內有蔚藍之天與黃金太陽，於我們的內在製造出天與天中之太陽的形象，這是一幅藍色與金黃色的小宇宙的景象[35]，我認為這與紀堯姆的蒼穹意象有著直接的對應，但顏色是反過來的，因為盧佩西撒說的圓盤是金色與天空藍；我那位病患所見的排列與此處相似，但似乎比較屬於煉金術的那一邊。

那被稱為天或天空的神奇液體、神聖之水，可能是指《創世紀》第一章第六節（Genesis 1.6）中的「天上的水」（supra-celestial waters），從功能的觀點來看，這被認為是某種洗禮之水，就像是教會聖水那樣內涵著創造與轉化的性質[36]。今日天主教會在復活節之前的聖安息日（*sabbathum sanctum*）[37]，依然會施行「祝福之泉」（*benedictio fontis*）的儀式，該儀式重現了「聖靈降臨水中」（*descensus spiritus sancti in aquam.*），尋常的水因此獲得具有轉化力量、讓人精神重生的神奇性質。這正是煉金術對於神聖之水的概念，若非它是源自異教，且比聖安息日的儀式更為古老，要從祝福之泉儀式推衍出煉金術的永恆之水，其實並不困難。在第一世紀希臘煉金術的首批文獻中，就可發現神奇之水[38]，更有甚者，靈體降臨（*descensus spiritus*）進入自然（*physis*）也是諾斯替的傳說，這對於摩尼教（Mani）有至為巨大的影響，很可能也是因為摩尼教的影響，使它成為拉丁煉金術的主流觀念之一。哲學家的目標，是要將不完美的物質，經由化學方法變化為黃金、萬靈丹（panacea）與長生不老藥（*elixir vitae*），然在哲學或神祕意義上，則是要變化為「神聖雌雄同體」、「第二亞當」[39]那光榮不朽的復活體[40]，或者變作「光中之光」（lumen luminum）[41]、「人類心靈之光」、或「智慧」。如我曾和衛禮賢（Richard Wilhelm）曾經呈現的[42]，中國的煉金術也創造了相同的概念，「偉大傑作」（*opus magnum*）之目標，便是要創造「金剛不壞之身」（diamond body）[43]。

敘述這些細節，是為了將我的心理學觀察放到其歷史背景中；若缺乏歷史連結，它們只不過是孤立地懸在半空的古董罷了。我已經指出：現代象徵符號與古代理論及信仰間的連結，並不是由直接傳統或間接傳統所建立，甚至不是由——人們經常如此揣測——某些祕密傳統所建立起來的[44]。即便施以最詳盡的詢問，你也絕不會發現我的病患曾經接觸過這些書籍文獻，或是與這些思想有關的資訊。看起來，是他們的無意識心靈，遵循著那自我揭示的思想同樣的道路，而在過去兩千年之來，這種事情一次又一次地發生。我們必須假設，有某種無意識的狀態是靠生物遺傳而傳遞的，唯有如此，這種延續性才得以存在。此一假設指的當然不是一種陳述或主張（representation）的遺傳，因為這幾乎不可能證明。我猜想，那種遺傳素質應該是某種可能再生出相同——或至少是類似——觀念的東西，我將這種可能性稱為「原型」，意思是一種精神上的先決條件，而且是一種大腦功能的特質[45]。

在這些歷史類比的啟發之下，這個曼荼羅或者象徵著神聖的存有，其迄今為止都隱藏或沉睡於身體中，而現在被提取出來且重新活化；或者，它象徵的是容器或房間，即人類轉化為神聖存有的場所。

我知道，這些論述必然會讓人想到荒唐的形上學空談。對此我感到遺憾，但這正是人類心靈會產生——而且已經產生——的事物。倘若心理學假設自身並不需要這些事實，那它就會刻意將其排除在外；我將此稱為一種哲學偏見，而這是經驗主義的立場所不能接受的。或許我得強調：我們並不是想透過這些論述建立一個形上學真理，這僅是一項關於心靈是如何運作的陳述。而事實上，我的病患在經歷曼荼羅的意象之後，他覺得自己的狀況大為改善了。倘若你能了解那位患者先前遭遇的麻煩，那麼你必然也能理解，為什麼這會使他產生「崇高的和諧」之感。

如果可能的話，像曼荼羅這種遙遠而虛無縹渺的東西，我會毫不遲疑地壓下所有它可能引起的相關思考；不幸的是，對我來說，這種類型的經驗既不虛無縹渺、也不遙遠，正好相反，這幾乎是我這一行職業的日常。我知道有很多人，他們如果想要活下去，就得認真看待自己的經驗，他們只能在魔鬼或深海之間擇一，此處的魔鬼就是曼荼羅或一些與之同等的東西，而深海則是他們的精神官能症。選擇魔鬼，至少還像是個英雄，選擇深海，那就是精神的死亡。一個善意的理性主義者會指出：我是用「別西卜」（Baalzebub）在驅逐魔鬼[46]，且是用騙人的宗教信仰來取代誠實的精神官能症。關於前者，我沒有什麼要回應的，我並非形上學的專家，然關於後者，我必須點出：這不是信仰的問題，而是經驗的問題。「宗教經驗」是絕對存在的，這是毫無爭議的事。你可以宣稱自己從來沒有這類經驗，但反對你的人則會說：「抱歉，我有。」若到這一步，你的討論就走到死路了。不管這個世界對於宗教經驗是怎麼想的，有宗教經驗的人其實坐擁豐盛的寶藏，宗教經驗賦予了他生命的泉源、意義與美，而這又為世界、為人類帶來了新的燦爛光輝。他擁有信仰（*pistis*）與平安（peace），而你是根據什麼樣的標準，去指責這樣的生活是不對的、這樣的經驗是不可靠的、這樣的信仰又只是種幻覺呢？實際上，有哪一種關於終極事物的真理，能比得上幫助你生活的那種真理？這就是我為何願意去謹慎考量無意識心靈所產生的象徵，因為這些象徵是唯一能夠說服（convince）現代人批判性心靈的東西了，其說服力建立在十分老派的理由之上：你就是無法抵擋它們，這也就是英文convince中相當於拉丁文*convincere*一詞的意思。能夠治療精神官能症的事物，必須和精神官能症一樣有說服力，因為精神官能症實在太過真實，能夠起到幫助效果的經驗，也必須具有同等的真實感。如果你硬是要講得很悲觀的話，你可以說：這一定是個非常真實的幻覺。然而，「真實的幻覺」與「有療效的宗教經驗」有何相異之處？這不過是用詞上的差別罷了。舉例而言，你可以說人生就是一場預後（prognosis）非常差的疾病，這場病會纏綿多年直到死亡；或者你可以說：所謂正常，就是一種普遍的體質缺陷；或者你可以說：人類就是一種大腦不幸發育過度的動物。這類想法，是那種老愛因為消化不良就發牢騷的傢伙們的特權。沒有人能知道終極的事物是什麼，所以，當我們經驗到它們的時候，必須虛心接受。如果這類經驗能讓你的人生變得更健康、更美麗、更完整、更圓滿，且對你與你所愛的人都如此，那你或許就能安心地說：「這是上帝的恩典。」

註釋

第一章　無意識的自主性

1　譯註：柏拉圖的哲學是理想主義或觀念論（idealism），其主張人擁有先天性的觀念。

2　原註：Rudolf Otto, *Das Heilige* (1917).

3　譯註：魯道夫・奧圖（1869-1937）是德國新教神學家與哲學家、比較宗教學家，著有《神聖的觀念》等書。「聖祕」一詞源自拉丁文 *numen*，後者原意大約是「神性」、「神聖的意志」、「神聖的存有」。

4　原註：「輔恩」（*gratia adiuvans*）與「聖化恩寵」（*gratia sanctificans*）是屬於「聖禮作用」（*sacramentum ex opera operato*）的效果。聖禮擁有無庸置疑的效力，因為它是由基督（Christ）直接建立的，聖禮可以造就恩典之現形或效果，但教會本身並無力量讓儀式與恩典連結，所以，由司鐸所施行的儀式並不是「工具性原因」（*causa instrumentalis*），僅僅是「執行性原因」（*causa ministerialis*）。

5　譯註：威廉・詹姆斯（1842-1910）為美國實用主義哲學家兼心理學家。

6　原註：「然而，吾人對於事實的敬重並沒有中和我們所有的宗教性，敬重事實，這件事本身就幾乎是宗教性的。我們的科學性情是虔誠的。」（William James, *Pragmatism* [1911], p. 14 *et Seq.*）

7　原註：「宗教就是對於更高本質（其被稱作神聖）的崇敬與崇拜。」（Cicero, *De invent. Rhetor., Lib. II.*）；另，「在宗教的認可之下、在對誓言的信仰之上所作之證詞」。（Cicero, *Pro Coel.*, 55.）

8 譯註：πίστις 可指對於人事物的信任，亦可指對更高力量的信仰，也可能是對於承諾的信守與信用等。

9 譯註：根據《新約聖經》〈使徒行傳〉（*Acts*）記載，保羅本名掃羅（Saul），他原是虔誠的猶太教徒，曾經迫害基督徒，後來他經歷奇蹟，聽見來自天上的聲音斥責他，於是皈依基督教。

10 原註：海因里希・史戈爾茲（Heinrich Scholz, *Religionsphilosophie*, 1921）堅持類似的立場；亦可參見 H. R. Pearcy, *A Vindication of Paul* (1936).

11 譯註：米士樂本是古波斯瑣羅亞斯德教（即祆教）中的小神，後成為光明之神甚至太陽神，曾流行於羅馬帝國。

12 譯註：阿提斯是古希臘羅馬神祇，在神話祂曾受害、死亡、復活，有農神或太陽神的形象，具有救贖信仰的性質。

13 譯註：希柏莉為古希臘羅馬神祇，本為安納托里亞地區信仰的大地母神。

14 譯註：摩尼是第三世紀的波斯人，他把瑣羅亞斯德教融合其他宗教如基督教、佛教等，形成摩尼教。

15 譯註：赫密士是古希臘神話神祇，負責傳訊，為人類帶來許多文明發明，並具有接引死者至冥界的能力。

16 譯註：malade imaginaire 亦有無病呻吟的意思。

17 譯註：psyche 可譯為心理、精神或心靈，以下將根據脈絡選擇譯法。

18 譯註：即俗稱的「黑死病」（black death）。

19 譯註：「意見分歧」暗示第一次世界大戰；「俄羅斯的某種政治理念」暗示俄國革命。

20 原註：Jung, *Studies in Word Association*, (London, 1918).

21 譯註：布爾什維克是俄語多數派的意思，在歷史上所指的便是俄國共產黨。

22 原註：J. G. Frazer, *Taboo and the Perils of the Soul* (1911), p. 30 *et seq.*; A. E. Crawley, *The idea of the Soul* (London: 1909), 82 *et seq.*; L. Lévy-Bruhl, *La*

mentalité primitive (Paris: 1922), *passim.*

23 原註：Feun, Running Amok (1901).

24 原註：M. Ninck, *Wodan und germanischer Schicksalsglaube* (Jena, 1935).

25 譯註：埃爾貢山位於非洲東部，維多利亞湖（Lake Victoria）的東北方。

26 譯註：mungu 是當地語言中「神明」的意思。

27 原註：L. Lévy-Bruhl, *Les fonctions mentales dans les Sociétés Inférieures. Idem, Mental. Prim.*, chap. III, "Les Rêves."

28 原註：Fr. Haeussermann, (Gissen, 1932).

29 譯註：來自《舊約聖經》〈何西阿書〉的典故。

30 原註：在一篇關於夢境及其功能的精采文章當中，班乃迪克·佩雷里斯（Benedictus Pererius, S. J., *De Magia. De Observatione Somniorum et de Divinatione Astrologica libri tres* [Coloniae Agripp., 1598], p. 114 *et seq.*）說道：「上帝不受到時間法則所限制，祂也不會等待而行動；上帝以意志啟發夢境，無論是在何處、何時或何人。」（法文）（p. 147）後續段落對於教會與夢境問題的關係提出有趣的看法：「當我們讀到卡西恩（Cassianum）的第二十二篇集子當中，修士們的老主事及指導者精通於找出並測驗某些夢境的原因。」（p. 142）佩雷里斯用以下方法對夢加以分類：「許多夢是自然的，有些屬於人類的，有些甚至屬於神聖的。」夢的起因有四種：一、身體的情感；二、心靈的影響或強烈擾動，如愛、希望、恐懼或厭惡。（p. 126 *et seq.*）；三、魔鬼的力量或機巧，此處的魔鬼意味的是異教神祇或基督教中的魔鬼。（「魔鬼可以了解自然的作用，也就是確定的原因在未來某時刻會有其結果；魔鬼可以了解他自己要在後來造成的那些事情；他可以了解過去與現在的事情，人類對此並不知情，而魔鬼能將此在夢境中透露予人。」[p. 129] ）關於魔鬼夢境的有趣分析，作者說：「由魔鬼所發送的夢境是可以推測的，首先若夢境經常代表著未來或隱藏的事件，由此而來的知識優勢無論是對自己或他人而言，皆無任何有用的目的，而僅是一種虛榮的古怪資訊之表露，甚至是用來做一些邪惡的事……」（p. 130）；四、上帝給的夢。關於夢境神聖本質的跡象，作者說道：「……從夢境所透露之事的重要性，尤其是在夢中，這些被透露予人的知識只有可能是靠上帝施予或慈悲才有可能獲知。此種類型的事便是神學家們所稱的未來偶然事件，再者，這就是全然隱藏在人類理解之外的心靈祕密，最後，那是我們信仰的終極神祕性，除非由上帝教導否則無人能知悉〔！〕……這點（是神聖的）尤其是由透過某種啟蒙以及靈魂的運動所確定，上帝藉此照亮心靈、影響意志，向作夢者表示其夢的可信度與權威，讓作夢者可以清楚辨識而且斷定是上帝造就此夢，他不只是渴望加以相信，而且必須相信而毫不質疑。」（p. 131 *et seq.*）因為上述的魔鬼也可以造就能精準預測未來事件的夢境，作者加上一句引自格列高里（Gregory）的話（*Dialog.*, Lib. IV, cap. 48）：「神聖之人透過一些內在感知，可以分辨幻覺和啟示──那些話語及預見──之別，這樣他們就知道自己從善靈那兒接收到什麼，以及從欺騙者那兒經歷了什麼。」（p. 132）如果夢境已經被「吾人信仰的最高神祕性」而自我佔據，這看似是個令人歡迎的保護措施以對抗此不確定性。安納坦休斯（Athanasius）在其所著的聖安東尼（St. Anthony）傳記中，告訴我們一些關於惡魔們如何預見未來的想法（cf. E. A. Wallis Budge, *The Book of Paradise* [London, 1904], I, p. 37 *et. Seq.*）。根據同一位作者，惡魔甚至有可能以修士的模樣出現，頌唱詩歌、大聲朗讀《聖經》，然後做出誤導教會弟兄們道德行為的錯誤評論。然而，佩雷里斯似乎相信自己的判斷標準，他繼續表示：「所以吾人心靈的自然之光能夠清楚地分辨第一原則的真理，它們立即被我們同意，無須任何論辯；所以在上帝所給的夢當中，神聖之光照耀我們的心靈，讓我們理解並確信這些夢是真的、是來自上帝的。」佩雷里斯沒有去碰觸那個危險的問題，此即源自夢中而不可動搖的信念，是否必然證明夢的神聖起源。他只是理所當然地認定，此類型的夢自然會展現遵循「吾人信仰的最高神祕性」之性質，而不可能遵循任何其他特質。人文學者卡斯珀・佩瑟（Caspar Peucer, *Commentarius de Praecipuis Generibus Divinationum*, etc. Witebergae 1560 de divinat. ex somn., p. 270）在這方面更加確定且限定，他說：「透過聖經確定來自於更高源頭的那些夢境，是屬於上帝的，這種夢既不是雜亂無章地送給個人，也不是送給那些根據自己意見而追逐並期待啟示的人，而是由上帝的意志與決定送給教中元老及先知們。〔這些夢〕並不是關於小事、瑣事、倏忽即逝之事，而是關於基督、關於教會的管理、關於帝國及其秩序等等重要事件；對此上帝總是增添確定的證據，諸如詮釋的天賦或其他，由此可以清楚看到，這些夢不能被草率地反對，它們的起源不是自然而是神聖的啟示。」他的隱晦克爾文主義（crypto-Calvinism）確實從他的話之中自我展現了，尤其將這些話與他同時代天主教人士的「自然神學」（theologia naturalis）相較後會更加清楚。佩瑟可能在「啟示」一詞中暗示了異端性的革新，至少這表現在下一個段落，也就是他處理「魔鬼生成之夢」（*somnia diabolic generis*）的地方，他說「這就是今日魔鬼顯現給再洗禮派（Anabaptistis）的那些夢，還有長久以來魔鬼送給狂信者及狂熱者的夢。」佩雷里斯以更高的洞察力及理解力對此問題寫了一章：「基督徒服從夢境是不是合乎理法的呢？」以及另外一章：「哪種人可以正確地解釋夢境。」在第一章中，他達成的結論是，重要的夢應當要加以思量，我引用他自己的話：「最後，要考慮偶爾騷擾我們、讓我走向惡途的夢是不是由魔鬼所作，同時在另一方面，要思考那些喚醒我們啟發我們走向善途的夢——例如獨身、托缽與投入宗教生活等——是不是由上帝施予，這並不是迷信心靈的一部分，而是屬於一個虔誠、審慎、細心、期盼救贖的心靈。」但只有笨蛋會奉行所有其餘沒用的夢。在第二章中他回應道，沒有人應該或可能詮釋夢，「除非受到神的啟示或引導」，他又補充道，「即便如此，屬於上帝的事情是人不可知的，人只是體會了上帝的靈。」（*R. Cor.*, I, 2.11）。這段言論本身就反映其真確性，它將詮釋之藝術保留給被賦予「聖靈的禮物」（*donum spiritus sancti*）的執事者（*ex officio*）等人。不過，顯然一位耶穌會（Jesuit）的作者並不能接受「教會以外的聖靈源頭」（*descensus spiritus sancti extra ecclesiam*）。

31 譯註：法蘭克・布克曼（Frank Buchman, 1878-1961）是美國新教傳教士，是一九三〇年代「牛津團體」（Oxford Group）道德重整運動（Moral Re-Armament）的發起者。

32 原 註：Jung, "*Traumsymbole des Individuationsprozesses*," *Eranos-Jahrbuch 1935* (Zürich, 1936). 雖然我所引用的夢境已在出版品中，它們在其中是受另一種角度所檢視。因為夢境有諸多層面，所以可以從許多方面來加以研究。

33 原註：Freud, *Traumdeutung* (Vienna, 1900). Eng. trans., *Interpretation of Dreams*. Herbert Silberer, Der Traum (1919) 提供了一個更謹慎且更有平衡性的觀點。關於佛洛伊德與我自己觀點的差異，我在此向讀者提一下我自己寫的，關於該主題的小論文，收錄於 *Modern Man in Search of a Soul* (London, 1933), p. 132. 更多資料可見於 *Two Essays on Analytical Psychology* (1928), p. 83 *et seq*. W. M. Kranefeldt, *Secret Ways of the Mind* (New York, 1932) Gerhard Adler, *Entdeckung der Seele* (Zürich, 1934) T. Wolff, "Einführung in die Grundlagen der Komplexen Psychologie," *Die Kulturelle Bedeutung der Komplexen Psychologie* (Berlin, 1935), pp. 1–168.

34 譯註：伊比鳩魯主義源自希臘化時代，該哲學流派是以追求快樂為最高價值。

35 原註：可比較奧丁——作為詩人、預言者、狂熱者的神祇與智者密米爾（Mimir），以及戴奧尼修斯與希勒諾斯（Silenos），這兩組人物之間的關係。奧丁（Odin）一詞的字根與高盧語的 οὐατεις、愛爾蘭語的 fāith、拉丁文的 Vates 有關，類似於 μάντις 和 μαίνομαι。參見 Martin Ninck, *Wodan und germanischer Schicksalsglaube*(1935). p. 30 *et sqq*.

36 譯註：奧丁是日耳曼、諾曼神話中的重要神祇，其名根據語系之不同，而有 Odin 或 Wotan 等拼法差異。

37 原註：見 *Ueber das Unbewusste* (Schweizerland, 1918).

38 原註：見 "Wotan," *Neue Schweizer Rundschau*, Heft 11 (1936). 節略版本可見 *Saturday Review of Literature* (Oct. 16, 1937). 奧丁在尼采的作品中可見於：（一）詩篇〈致未知的上帝〉（To the Unknown God, 1863-4）；（二）見於 "Klage der Ariadne" 以及 sprach Zarathustra, p. 366；（三）還有 sprach Zarathustra, p. 143 and p. 200；（四）一八五九年的奧丁之夢，見於 E. Foerster-Nietzsche, Der werdende Nietzsche (1924), p. 84 et sqq.

39 原註：*Two Essays*, p. 202 *et sqq*. *Psychological Types* (1923), pp. 588, 593 *et sqq*. "Ueber die Archetypen des collectiven Unbewussten," *Eranos-Jahrbuch 1934*, p. 204 et sqq. "Ueber den Archetypus mit besonderer Berücksichtigung des Animabegriffes," *Zentralblatt für Psychotherapie*, IX (1936), 259 *et sqq*.

40 原註：Zentralbl. f. Psychotherapie, IX, 259 et sqq.

41 原註：Edward Maitland, Anna Kingsford, *Her Life, Letters, Diary and Work* (London, 1896), p. 129 et seq.

42 原註：在 *Corpus Hermeticum*, Lib. I (ed. W. Scott, *Hermetica*, I, p. 118: ὁ·δὲ·νοῦς·ὁ·πρῶτος ἀρρενόθηλυς ὤν) 當中，神明有雌雄同體本質這項主張，可能源自於柏拉圖 Plato, *Symposium XIV*，可以懷疑的是後來雌雄同體者的中古典型是否源自於 "Poimandres" (*Corp. Herm.*, Lib. I)，因為西方人實際上並不知道它，直到其由馬希留斯．費奇諾（Marsilius Ficinus）於一四七一年出版為止。然而，有種可能性是，一位希臘學者——當時此類人已很稀少——自仍存的希臘典籍（codices graeci）當中汲取了此觀念，舉例而言，就像是十四世紀的 *Cod. Laurentianus* 71, 33、十四世紀的 *Parisinus Graec.* 1220、以及十四世紀的 *Vaticanus Oraec.* 237 and 951。沒有比這更古老的典籍了。馬希留斯．費奇諾的第一版拉丁翻譯造成巨大的影響，不過在這之前我們已經有了一四一七年 *Cod. Germ. Monac.*, 598 當中雌雄同體的符號。在我看來，雌雄同體符號較可能是源自十一或十二世紀所翻譯的阿拉伯語或敘利亞語手稿。在受到阿拉伯傳統強烈影響的舊拉丁文作品 *Tractatulus Avicennae* 當中，我們發現「萬靈藥（Elixir）是一條自我孕育的妖豔之蛇」（*Artis Auriferae*, etc. [1593], T. I., p. 406）。雖然這是一個「偽阿維森納」（pseudo-Avicenna）的問題，而不是真正的伊班辛那（Ibn Sina, 970-1037），他是屬於中古赫密士哲學的「阿拉伯—拉丁文」來源。我們在論文 "*Rosinus ad Sarratantam*" (Art. Aurif. [1593], I, 309) 當中發現一樣的段落:「Rosinus ad Sarratantam」。"Rosinus"是「佐西穆斯」（Zosimos）的「阿拉伯—拉丁文」變體，佐西穆斯乃是第三世紀希臘新柏拉圖（neo-Platonic）主義哲學家，他的著作 *Ad Sarratantam* 屬於同類的文獻，而因為這些文獻的歷史已完全不可知，沒人能確定是誰抄了誰的。來自阿拉伯文的拉丁文獻 *Turba Philosophorum*, Sermo LXV 同樣也提到:「組成物自我產生。」（J. Ruska, *Turba Philosophorum. Quellen und Studien zur Geschichte der Naturwissenschaften und der Medizin* [1931], p. 165.）就我所知，第一種確實提到雌雄同體的文獻是十六世紀的 "Liber de Arte Chimica incerti autoris," (in Art. Aurif. [1593], I, 575 et sqq.), p. 610：「墨丘利（Mercurius）全是金屬，他是男也是女，即使在靈魂與肉體的結合之下他仍是雌雄同體的怪物。」之後的文獻我只提及：*Pandora* (a German text, 1588) "Splendor Soils" in *Aureum Vellus*, etc. (1598) Michael Majer, *Symbola aureae mensae duodecim nationum* (1617) *idem*, *Atalanta Fugiens* (1618). J. D. Mylius, *Philosophia Reformata* (1622).

43 原註 1-22：《赫密士黃金契約》的來源是阿拉伯文，而且並不屬於 *Corpus Hermeticum*，它的歷史不明（首次印行是收在 *Ars Chemica*, 1566）。多米尼克斯．諾希斯（Dominicus Gnosius）曾經寫過評論，收在 *Hermetis Trismegisti Tractatus vere Aurevs de Lapidis Philoiophici Secreto cum Scholiis Dominici Gnosii*, 1610. 他說（p. 101）：「就像是影子跟隨那個在台陽底下行走的肉體……我們的亞當雌雄同體人

（Adamic hermaphrodte）雖然以男性形態出現，依然隨時帶著他的夏娃（或說他的女性部分）隱藏在其身體之內。」此評論以及文獻本身都重新印於 J. J. Mangeti, *Bibl. Chem.* (1702), I, 401 *et sqq.*

44 原註：這兩種類型的描述見於 *Two Essays*, II, 202 *et sqq.* 亦可參見 *Psychological Types, Definition* No. 48, p. 588 *et sqq.* also Emma Jung, "Ein Beitrag zu Problem des Animus,“ in *Wirklichkeit der Seele* (1934), p. 296 *et sqq.*

第二章　教義與自然象徵

1 譯註：理查・華格納（Richard Wagner, 1813-1883）為日耳曼音樂家、歌劇家。〈火魔法〉是華格納歌劇《尼伯龍根的指環》（*Der Ring des Nibelungen*）第二部《女武神》（*Die Walküre*）中的一幕。

2 原註：主教的私人彌撒可以使用四根蠟燭，某些更隆重的彌撒——例如「頌唱彌撒」（*missa cantata*）亦使用四根蠟燭。更高等級的彌撒會使用六根或七根蠟燭。

3 原註：Origenes, in *Jerem. hom.*, XX, 3.

4 譯註：畢達哥拉斯用十個點構成的三角形，分別由一、二、三、四這四層數字組成，又可稱之為「四元體」。

5 原註：來自畢達哥拉斯誓言：Οὐ μὰ τὸν ἁμετέρᾳ γενεᾷ παραδόντα τετρακτὺν, παγὰν ἀενάου φύσιος ῥιζώματ' ἔχουσαν。參見 E. Zeller, *Die Philosophie der Griechen* (2d ed., 1856), I, 291，所有資料都蒐集在其中，「四是永恆本質的起源與根本」。柏拉圖認為肉體源自「四」。根據新畢達哥拉斯學派的說法，畢達哥拉斯本人認為靈魂是一個四方體（Zeller, III Th., II Abt., p. 120.）。

6 原註：在基督教圖像學當中，「四」主要出現的形態是四福音作者及其符號，其排列情況是一朵玫瑰、一個圓或者「人體占星圖」，又或者是「四獸」，例子可見於 Herrad von Landsperg 的《快樂花園》（*hortus deliciarum*），以及其他的神祕玄思作品中。我在此只列 出：(1) Jakob Boehme, *XL Questions concerning the Soule propounded*

by Dr. Balthasar Walter and answered by Jacob Behmen, etc. (London, 1647) (2) Hildegard von Bingen, *Cod. Lucc.*, fol. 372, *Cod. Heidelb. Scicias*, representation of the mystical universe S. Ch. Singer, *Studies in the History and Method of Science* (1917) (3) 傑出的圖畫，見於 Opicinus de Canistris, *Cod. Pal. Lat.* 1993, Vatican Libr. S. R. Salomon, *O.d.C. Weltbild und Bekenntnisse eines avignonensischen Clerikers des 14 Jahrhunderts*, 1936 (4) Heinrich Khunrath，「普世唯一」（*monas catholica*）源自於「四者一體」的轉動，此處的「唯一」被詮釋為基督之意象或比喻（*Vom hylealischen, das ist, primaterialischen Chaos*, 1597, p. 204 and p. 281. 更多資料見於 *Amphiteatrum Sapientiae Aeternae*, 1608） (5) 關於十字架的思考：「據說十字架是用四種不同的木頭做的。」（de quatuor generibus arborum facta fuisse refertur crux），出自 Bernardus in *Vitis Mystica*, cap. XLVI S. W. Meyer, *Die Geschichte des Kreuzholzes vor Christus*, Abhandl. d. k. bayerisch. Akad. d. Wissenschaften [1881], I, Cl. XVI, Bd. II, Abh., p. 7). 關於四者一體，亦可參見 Dunbar, *Symbolism in Medieval Thought and Its Consummation in the Divine Comedy* (1929), *passim*.

7 原註：我所指涉的包括 Isidoros、Valentinos、Markos 和 Sekundos 的系統。最具啟發性的例證乃是「獨生者」（Monogenes）的象徵，見於 *Cod. Brucianus* (Bruce Ms. 96, Bodleian Libr., Oxford, C. A. Baynes, *A Coptic Gnostic Treatise*, etc. [1933], p. 59 *et seq.* and p. 70 *et seq.*).

8 原註：我指的是關於「四根」（four radices）——恩貝多克利的「根」（ῥιζώματα），這等同於四種元素或四種性質（濕、乾、暖、冷），特別見於赫密士或煉金術哲學。可見於 Janus Lacinius, *Pretiosa Margarita Novella*, etc. (1546), "Artis metallicae schema"，這是根據 Joannes Aug. Pantheus, *Ars Transmutationis*, etc. (1519), p. 5 當中的 *quaternatio* Raymundi Lulli, "Practica" (*Theatr. Chem.*, Vol. IV [1613], p. 174) 當中的 *quaternatio elementoram* 與化學過程 M. Majer, Scrutinium Chymicum (1687) 之中四元素的象徵。這位作者還寫了篇有趣的

文章：*De Circulo Physico Quadrato* (1616). 類似的象徵可見於 Mylius, *Philosophia Reformata* (1622). 赫密士式的救贖（from *Pandora* [1588] and from *Cod. Germ. Monac.*, No. 598）以福音者的「四」符號所呈現，見於 Jung, "Die Erlösungsvorstellungen in der Alchemie," *Eranos-Jahrbuch 1936*, pp. 94. 96. 關於「四」的象徵，*idem*,"Traumsymbole des Individuationsprozesses," *Eranos-Jahrbuch 1935*, p. 54 *et sqq*. 更多資料可見於 H. Kuekelhaus, *Urzahl und Gebärde* (1934). 東方的類似例子可見 H. Zimmer, *Kunstform und yoga im Indischen Kultbild* (1926) Wilhelm and Jung, *The Secret of the Golden Flower* (1931). 有關十字架象徵的文獻亦屬於此處（Zoeckler, Das Kreuz Christi [1875]）。

9 原註：關於「無意識」的定義，參見 *Psychological Types* (1923), p. 613.

10 原註：*Two Essays* (1928), p. 252 *et sqq*.

11 原註：我指的是 Claudius Popelin, *Le Songe de Poliphile ou Hypnérotomachie de Frère Francesco Colonna* (Paris, 1883), Vol. II，當中收錄的書是由一位十五世紀的修士所寫，那是一個「阿尼瑪奧祕」的極佳例子。

12 原註：「祭袍」（vestment）不只是執禮教士們的裝飾，而且還保護著教士們。

13 譯註：這句諺語可追溯到西歐中古早期，其強調羅馬主教（後來的教皇）在宗教問題上的權威。

14 編註：意指羅馬帝國初期，從奧古斯都至奧理略帝政這二百多年的盛世。

15 譯註：本段所言大約是指一次大戰前後歐洲人進步觀（idea of progress）的興衰。

16 譯註：因為文藝復興、新教改革，或被學者解釋為促進「世俗化」（secularization）的力量。

17 原註：參見 *Psychological Types*, p. 554 *et sqq., s.v.*"Imago."

18 原註：「原型」一詞，西賽羅（Cicero）、普林尼（Pliny）等人已經使用，它出現在一個清楚哲學性質的概念當中，見 Corp. Herm.,

Lib. I (W. Scott, Hermetica, I, 116: εἴδες ἐν τῷ νῷ τὸ ἀρχέτυπον εἶδος, τὸ προάρχον τῆς ἀρχῆς, τὸ ἀπέραντον…).

19 原 註：Adolf Bastian, *Das Beständige in den Menschenrassen* (1868), p. 75. *Idem*, "Die Vorstellungen von der Seele" (in Virchow u. Holtzendorff, *Wissenschaftl. Vorträge* [1874], p. 306). *Idem*, *Der Völkergedanke im Aufbau einer Wissenschaft vom Menschen* (1881). *Idem*, *Ethnische Elementargedanken in der Lehre vom Menschen* (1895).

20 原註：Nietzsche, *Human, All Too Human*, II, 27：「在我們的睡眠中、在我們的夢境中，我們經歷了從前人類的全部思想，我的意思是，人在夢境中的推理方式，與數千年來人清醒時候的推理，乃是相同的。關於所有需要解釋的事物，他心中第一個出現的原因（causa），會使他滿意且被當作真相。在夢境之中，此種返回原始（atavistic）的人類遺傳顯然與我們同在，它是更高理性能力發展的基礎，而且它依然在每個個人之中繼續發展。夢境將我們帶回人類文化的先前狀態，並讓我們得以了解更多。」

21 原註：Hubert et Mauss, *Mélanges d'Histoire des Religions* (Paris, 1909), Préface, p. XXIX：「這些範疇……持續在語言當中向我們呈現，雖然未必明白顯示在語言之中，它們通常是以引導意識的習慣形態存在，而它們本身依然是無意識的。『瑪那』（*mana*）的概念就是其中一項原則，它是語言的一種基準，它會暗藏於全系列關於『瑪那』屬性的判斷與推理中，我們曾將『瑪那』描述為一個範疇，但它是一不限於原始思想的範疇，時至今日，它依然是原始的形態，由其他某些始終在吾人心靈作用的範疇所概括：那些屬於實質的、屬於原因的……」等等。

22 原註：L. LévyBruhl, *Les Fonctions Mentales dans les Sociétés Inférieures* (M. E. Durkheim, *Travaux de l'Année Sociologique*).

23 原註：*Psychology of the Unconscious* (1927) Wilhelm and Jung, *The Secret of the Golden Flower* (1931) "Traumsymbole des Ind. Proz.," *Eranos-Jahrbuch 1935*.

24 原註：關於「聖十結構三角」的心理學，參見 *Secret of the Golden Flower*, p. 96 *et sqq*. "Traumsymbole des Ind. Proz.," *passim* and "*The Relation between the Ego and the Unconscious*," p. 252 *et sqq*. (*Two Essays* [1928]) Hauer, "Symbole und Erfahrung des Selbstes in der Indo-Arischen Mystik,“ *Eranos-Jahrbuch* 1934, p. 1 *et sqq*.

25 原註：對該問題的極佳呈現，可見 Michael Majer, *De Circulo Physico Quadrato*, etc. (1616).

26 譯註：圓周率是無盡的，所以把圓形換算為方形面積是找不到公式的。

27 譯註：此處 Deity 是大寫故是指上帝，然其在概念上未必是基督教的上帝。

28 譯註：西方中古觀念認為上帝是完美的、圓形是完美的；而上帝是無限且無所不在的，所以圓周也是無界限的。

29 原註：Plato, *Timaeus*, 7. J. Ch. Steebus, *Coelum Sephiroticum* (1679), p. 15.

30 原註：Steebus, *Coelum Sephiroticum*, p. 19. M. Majer (De Circulo, p. 27) 表示：「圓圈乃是永恆之符號，或是一個不可分割的點之符號。」（*circulus aeternitatis sytnbolum sive punctum indivisibile.*）關於「圓元素」（round element），可參照 *Turba Philosophorum* (ed. Ruska, Sermo XLI, p. 148)，其中提到「『圓』讓銅一分為四」（*rotundum quod aes in quatuor vertit*）。Ruska 表示希臘文文獻沒有類似的象徵主義，這個說法不太正確，因為我們在佐西穆斯的 στοιχεῖον στρογγύλον 之中找到了 περὶ ὀργάνων（Berthelot, *Coll. d. Anciens Alchémistes Grecs.*, III, XLIX, 1）。同樣的象徵主義或許也以 ποίημα 的型態，發生於佐西穆斯的 περιηκονισμένον（Berthelot, III, V *bis*），Berthelot 將此翻譯為「圓形體」（*objet circulaire*）。Berthelot 的文字有 περιηκονισμένον，但這是不可能的。Guenther Goldschmidt 博士呼籲我注意，或許有一個下標音（*iota subscriptum*）被忽略了，這點 Berthelot 顯然也有想過。同樣關於物質中的創造點（creative

point）也在以下被提及，*Musaeum Hermeticum*, 1678, Novum Lumen, p. 559：「每個身體之內都有一個中心，也就是一個種子點或精子　點。」（*Est enim in quolibet corpore centrum et locus, vel seminis seu spermatis punctum.*）此外，這個點也被視為「星火」（scintilla），即靈魂之火花（*loc. cit.*, p. 559）。這個點是「神所生育之點」（*punctum divinitus ortum*）（Musaeum, p. 59）。這是件關於「泛種論」（*panspermia*）教義的事情，關於此事見於 Athanasius Kircher, S.J. (in *Mundus Subterraneus* [Amsterdam, 1678], p. 347) 所述：「來自摩西的神聖話語……顯示上帝——萬事萬物的創造者——在初始時，自無之中創造某種物質，我們可稱之為『混沌』……有些混雜的東西隱藏其中，好像是某類的『泛種』……彷彿上帝是後來從潛在物質中帶來所有已由聖靈所生育、孕育的事物。……但是上帝沒有立刻摧毀『混沌物質』，神意卻要它繼續存在直到世界之完滿，『泛種』遂存在於萬事萬物，從一切的開端直到那最終的完成……」。」（*Ex sacris itaque Mosaicis oraculis . . . constat, conditorem omnium Deum in principio rerum Materiam quandam, quam nos non incongrue Chaoticam appellamus, ex nihilo creasse . . . intra quem quicquid . . . veluti sub πανσπερμία quadam confusum latebat. . . . veluti ex subjacente materia et Spiritus divini incubitu jam foecundata postea omnia . . . eduxerit. . . . Materiam vero Chaoticam non statim abolevit, sed usque ad Mundi consummationem durare voluit, uti in primordiis rerum, ita in hunc usque diem, panspermia omnium rerum refertam . . ." etc.*）

這些概念可以回溯至諾斯替思想系統中的「降臨」（descent）或「神祇之降下」（fall of the deity）概念（cf. W. W. Bussell, *Religious Thought and Heresy in the Middle Ages* [1918], p. 554 *et sqq.*）Reitzenstein, *Poimandres* (1904), p. 50; G. R. S. Mead, *Pistis Sophia* (1921), p. 36 *et sqq.*; *idem. Fragments of a Faith Forgotten* (2d ed., 1906), p. 470.

31 原註：「這是一座圓魚的海，圓魚沒有骨頭、沒有肌肉，它很肥大。」（*Est in mari piscis rotundus, ossibus et corticibus carens, et habet in*

se pinguedinem）（＝封閉在物質中「徹底的濕」*humidum radicale* ＝「世界靈魂」*anima mundi*）("Allegoriae super Turbam," *Art. Aurif.* [1593], I, 141).

32 譯註：「戴米烏爾」是希臘哲學中對「造物主」的稱呼，類似但不等於「上帝」概念。

33 原註：*Timaeus*, p. 7.

34 譯註：該書為歐洲最古老的煉金術著作之一。

35 原註：參見註 30。

36 原註：「由於天堂可見的形態與運動是圓形的……故黃金也是如此。」（Nam ut coelum, quoad visiblle, . . . rotundum in forma et motu, . . . sic Aurum）(M. Majer, *De Circulo*, p. 39).

37 譯註：此為煉金術專有術語，是一種最原始而無形的物質。

38 原註："Rosarium Philosophorum" (in *Art. Aurif.*, etc. [1593], II, 261). 這篇作品被歸諸為 Petrus Toletanus 所作，他是十三世紀中期的特雷多（Toledo）人，據說他年齡比 Arnaldus de Villanova 這位著名的醫師兼「哲學家」年紀稍長，或者是後者的兄弟。根據一五五〇年首次印刷之內容看來，《玫瑰經》實際是一部彙編，時代應該不會早於十五世紀，雖然其中某些部分可能源自於十三世紀早期。

39 譯註：恩貝多克利學派認為萬物由四大元素「水、土、火、氣」組成，愛使其結合，衝突使其分裂，而萬物則在這兩股力量運作下變化。

40 原註：*Symposium* XIV.

41 譯註：柏拉圖對話錄談到的神話傳說，世界上本有三種人，除男、女之外，還有一種身形為圓形、兩張臉、四手、四腳的人；後來這第三種人被眾神劈成兩半，變成兩個人，於是後世之人總是渴望找尋自己的「另一半」。

42 譯註：彼得．波諾斯是十四世紀的煉金術大師。

43 原　註：Petrus Bonus in Janus Lacinius, *Pretiosa Margarita Novella*, etc. (1546). Reprinted In *Theatr. Chem.* (1622), p. 567 *et sqq.* and In J. J. Mangeti, Bibl. *Chem.*, II (1702), 1 *et sqq.* 關於「基督之比喻」，參見

"Erlösungsvorstellungen," etc, *Eranos-Jahrbuch 1936*, p. 82 *et sqq*.

44 原註：Beati Thomae de Aquino, *Aurora sive Aurea Hora*. 完整文獻可見於罕見的一六二五年印刷本，*Harmoniae Imperscrutabilis Chymico-Philosophicae sive Philosophorum Antiqmrum Consentientium Decas I.* Francofurti apud Conrad Eifridum. Anno MDCXXV (Brit. Mus. Libr., 1033, d. 11). 文獻有趣的在於第一部分 *Tractatus Parabolarum*，由於其有「瀆神」的性質，於是在一五七二年及一五九三年印刷本中被略去，可見 *Artis Auriferae*, etc. 蘇黎世（Zurich）中央圖書館（*Zentralbibliothek*）的 *Cod. Rhenovac.* 當中，缺少四章的 *Tract. Parab.*，國家圖書館（*Bibliothèque Nationale*）的 *Cod. Parisin. Fond Latin* 14006 則擁有完整的 *Tract. Parab.* 全文。

45 原註：有一個很好的範例，涵蓋於多米尼克斯・諾希斯對 *Tract. Aur. Hermetis* 的評論當中（Reprints in *Theatr. Chem.*, IV [1613], 672 *et sqq.* and in J. J. Mangeti, *Bibl. Chem.*, I [1702], 400 *et sqq.*）。

46 原註：見於 *Aurea Hora, loc, cit.*，見註 29。佐西穆斯（περὶ ὀργάνων, Berthelot, *Alch. Grecs.*, III, XLIX, 4–5）引用一赫密士派文獻，表示 ὁθεοῦ υἱός πάυτα γευόμευος 是「亞當」或「透特」（*Thot*），包含四元素以及空間四方位。

47 原註：見於 *Aurea Hora*，見註 44。關於拉丁文獻，參見第三章註 40。

48 原註："Erlösungsvorstell. i. d. Alchemie," *Eranos-Jahrbuch 1936*, p. 20 *et sqq*.

49 原註：Charlotte A. Baynes, *A Coptic Gnostic Treatise contained in the Codex Brucianus* (Cambridge, 1933), pp. 22, 89, 94.

50 編註：此處的「工序」指煉金術，「哲學家」在中世紀亦有煉金術士的意思。

51 原註：《哲學家玫瑰經》（*Art. Aurif.*, II, 204 *et sqq.*）作為最初的彙編嘗試，其對於中古時代的四者一體有其充分且綜合性之說明。

52 原註：可見羅德西亞（Rhodesia）舊石器時代（？）的「太陽之輪」

（Sun Wheels）。

53 原註：我不是指基督人性的教義。

54 原註：我指的主要包括煉金術傳說的那些作品（Lehrerzählungen），有個好例子是 M. Majer, *Symbols aureae mensae duodecim nationun* (1617)，其中包含象徵符號的「朝聖」（*peregrinatio*），p. 569 *et sqq*.

55 原註：就我所知，煉金術文獻當中沒有出現過對於教會迫害的抱怨，那些作者通常會暗示教會訓導權（magisterium）有極大的祕密，以此作為保密的理由。

56 原註：見 *Pandora*, 1588，呈現瑪麗亞升天（assumption of Mary）之肉體榮耀化。聖奧古斯丁也曾用土地來象徵聖母：「真理從大地出現，因為基督是由童女所生。」（*Veritas de terra orta est, quia Christus de virgine natus est*）(*Sermones*, 188, 1, 5, p. 890). 相同說法亦可見特圖里安（Tertulian）：「那處女之地，尚未受到雨水的灌注與滋養。」（*Illa terra virgo nondum pluviis rigata nec imbribus foecundata. . . .*）(*Adv. Iud.*, 13, p. 199 A.)

57 譯註：雷比斯為煉金術中的終極產物，為精神與物質之調和，兼有雄與雌、男與女、陰與陽。

第三章　一個自然象徵

1 原註：*Psychology of the Unconscious.*

2 原註：這是古老象徵 ούϱοβόϱ ，即「吃尾者」（tail-eater）再次出現。

3 原註：東方的近似例子之一，是中國煉金術文獻裡的「光之循環」（circulation of the light），可見於衛禮賢與我所編的 *The Secret of the Golden Flower*。

4 譯註：荷魯斯為古埃及神明，為隼頭人身的法老守護神，其四子則是負責死者胃、腸、肝、肺四罐（分別擺在四者墓中東、西、南、北四方位）的四個神明。

5 原註：Wallis Budge, *Osiris and the Egyptian Resurrection*, I, 3 *idem*, *Book of the Dead*, facsimile, 1899, Pl. 5. 在一份七世紀的手稿（Gellone）之

中，福音書作者曾經以其象徵動物的頭，而不是人頭來呈現。

6 原註：*Secret of the Golden Flower* 書中之例。

7 原 註：Kazi Dawa-Samdup, "Shrichakrasambhāra Tantra," *Tantric Texts*, ed. Arthur Avalon, Vol. VII (1919).

8 原 註：Abbé Joseph Delacotte, *Guillaume de Digulleville. Trois Romans-Poèmes du XIVe Siècle* (Paris, 1932).

9 原註：見 R. Eisler, *Weltenmantel und Himmelszelt*, I, 85 *et seg.*

10 原註：見 Zeller, *Griech. Phil.*, III Th., p. 120. 根據 Archytas 的說法，靈魂乃是一個「圈」或「球」。

11 原註：見於《托馬斯行傳》（*Acts of Thomas*）當中的頌禱（Mead, *Fragments*, p. 422 *seq.*）。

12 原註：諾斯替主義中的「四者一體」絕對是女性，見 Irenaeus, *Advers. Haer.*, cap. XI.

13 原註：見 Definitions 48 and 49 in *Psychological Types*, p. 588 *et sqq.*

14 原註：一種稱作「劣等功能」（inferior function）的特殊案例，見 Definition 30 in *Psychological Types*, p. 563 *et sqq.*

15 原註：關於「陰影」的同化（assimilation）問題，見 *Psychological Types*, p. 203.

16 原註：見 Mead, *Fragments*, p. 231. 相同的解經（exegesis）可見於 *Pistil Sophia* (see Carl Schmidt, *Pistis Sophia* [1926], p. 215).

17 原註：在藏傳佛教中，四種顏色是與四種心理素質（四種智慧形態）相關聯（見 Evans-Wentz, *The Tibetan Book of the Dead* [1927], p. 104 *et sqq.*）。

18 原註：見 Definition 61 in *Psychological Types*, p. 601.

19 原註：關於曼荼羅的心理學，可見 *Secret of the Golden Flower* (1931), p. 96 *et sqq.*

20 原註：見 Definition 46 in *Psychological Types*, p. 585.

21 原註：見 Hauer, "Symbole und Erfahrung des Selbstes in der Indo-Arischen Mystik," *Eranos-Jahrbuch 1934*, p. 35.

22 原註：關於「上帝的相對性」概念，可見 *Psychological Types*, p. 297 *et sqq*.

23 原註：此事實可以說明「萬物有靈（Animism）之理論。

24 譯註：此語可能是相反於諺語「在眾神的膝上」（in the lap of the gods）——亦即受到眾神或命運掌控之意。

25 原註：關於「膨脹」之概念，見 *Two Essays*, p. 145 *et sqq*.

26 譯註：「赫密士的容器」是煉金術的密封容器，至今 hermetic 依然有密閉、封閉之意。

27 譯註：τέμενος 的本意是去特別劃出一塊地，作為官方、或公共、或宗教之用途。

28 原註：Berthelot, *Alch. Grecs.*, IV, XX. 根據 F. Sherwood Taylor, "A Survey of Greek Alchemy," *Journ. of Hellenist. Stud.*, L, 109 *et sqq.*，這或許是第一世紀最老的希臘文獻。亦可參見 J. Hammer Jensen, *Die* älteste *Alchemie* (1921).

29 原註：Berthelot, *Alch. Grecs.*, III, I, *et sqq*.

30 原註：Scott, *Hermetica* (1924).

31 原註：Berthelot, *Alch. Grecs.*, II, I, *et sqq*.

32 原註：早在那些希臘煉金術士那兒，我們便已看見「含有靈魂的石頭」之概念（cf. Berthelot, *Alch, Grecs.*, III, VI），那個「石頭」就是第一物質，被稱作「材」（Hyle）或「混沌」或「大渾沌」（*massa confusa*）。這個煉金術術語，是根據柏拉圖的《蒂邁歐篇》而來，於是 J. Ch. Steebus（*Coelum Sephiroticum*, etc. [1679]）引述道（p. 26）：「那既不是土、不是空氣、不是水，既不是這些事物所製造出的東西，也不是造出這些事物的東西，那應當要被稱作『第一物質』。『第一物質』是那些被造出且可被看見事物之容器與母親，然『第一物質』乃是無形、無法被看見，卻同時支撐著萬事萬物。」（materia prima quae receptaculum et mater esse debit ejus quod factum est et quod videri potest, nec terra, nec aer, nec ignis, nec aqua debet dici, nec quae ex his, neque ex quibus haec facta sunt, sed species quaedam,

quae videri non potest et informis est et omnia suscipit.）同一位作者（ibid.）也將「第一物質」稱為：「原初的混沌之土、『材』、深奧、事物之母……那最初的混沌物……源自上天之水流……受上帝所附加無數物種的觀念。」（primaeva terra chaotica, Hyle, Chaos, abyssus, mater rerum. . . . Prima ilia chaotica materia. . . . Coeli influentis humectata, insuper a Deo innumerabilibus specierum Ideis exornata fuit. . . .）他解釋上帝之靈是如何降臨至物質中，在那裡祂變化成什麼（p. 33）：「上帝之靈滋養上層之水，給予其特有孕育的溫暖，使其像是乳一般……. 於是，聖靈帶來〔根據〈創世紀〉第一章第六節〕的孕育溫水，是來自天上之水（*aquis supracoelestibus*），水之德可以滲透、養育萬物，此水可以與光合同，光生成自『墨丘利之蛇』（*serpentem mercurii*）下層區域的礦物王國〔這也是指亞斯克勒庇俄斯之杖（*caduceus of Aesculapius*），因為蛇也是萬靈丹「普世之藥」（*medicina catholica*）之源頭〕，光生成於神聖之綠的植物王國（chlorophyll），光生成於有生長之德的動物王國，如此，匯合的天上靈水與光結合，足以被稱為世界的靈魂。」（Spiritum Dei aquas superiores singulari fotu faecundasse et velut lacteas effecisse. . . . Produxit ergo spiritus sarcti fotus in aquis supracoelestibus [according to Gen. I.6 et seq.] virtutem omnia subtilissime penetrantem et foventem, quae cum luce combinans, in inferiorum Regno minerali serpentem mercurii [which refers just as well to the caduceus of Aesculapius, since the serpent is also the origin of the "medicina catholica," the panacea]. in vegetabili benedictam viriditatem [the chlorophyll], in animali plasticam virtutem progenerat, sic ut spiritus supracoelestis aquarum cum luce maritatus, anima mundi merito appellari possit"）又說道（p. 38）：「下層的水是黝黑的，以其深厚的容量吸收流瀉的光。」（Aquae inferiores tenebricosae sunt, et luminis effluvia intra sinuum capacitates absorbent.）這項教義完全是根基於諾斯替傳說，也就是「努斯」（nous，知性、理智之義）從上層境界降臨，而受到「自然」的

吸納。煉金術士們的「墨丘利」是個「易變體」，Abu'l-Qāsim Muhammad (*Kitāb al'ilm al muktasab*, etc., thirteenth century, ed. E. J. Holmyard [1923]) 也提及「易變者赫密士」（p. 37），而且在許多地方，墨丘利被稱為一種「靈」（*spiritus*），甚至，墨丘利會被視為「赫密士靈魂嚮導」（*Hermes psychopompos*），能夠顯示前往天堂樂園之路（見 M. Majer, *Symb. aur. mens* p. 592），這非常像是一個救贖者的角色，在 Eρμοῦ πρoσ Tατ 被歸諸於心靈（νοῦς）（Scott, *Hermetica*, I, 149 et sqq.）。畢達哥拉斯學派認為，除了理性之外，靈魂會完全被物質所吞噬（見 Zeller, *Griech. Phil.*, III Th., p. 158）。在 *Tabulam Smaragdinam* 的古老短論（Commentariolus）當中，Hortulanus 談到了「大渾沌」或「混混沌沌」（*chaos confusum*），世界是由此創造，由此也出現了神祕的「天藍」（lapis）問題，「天藍」在第十四世紀初開始被視為基督（Petrus Bonus, 1330）。The Epilogus Orthelii (*Theatr. Chem.*, VI, 431) 表示：「我們的救贖者耶穌基督……有兩種本質……同理，此世的救贖者也是由兩個部分組成，即天上的與地上的。」（Salvator noster Christus Jesus . . . duarum naturarum particeps est: Ita quoque terrenus iste salvator ex duabus partibus constat scl. coelesti et terrestri. . . .）依此，囚於物質當中的墨丘利被視作聖靈，Joh. Grasseus (in "Arca Arcani," *Theatr. Chem.*, VI, 314) 引述道：「聖靈的禮物，也就是哲學家們的鉛，哲學家稱之為空氣中的鉛，裡頭有金光閃閃的白鴿，被稱為金屬之鹽，擁有精純變化（magistery）的力量。」（Spiritus sancti donum, hoc est plumbum Philosophorum, quod plumbum aeris appellant, in quo splendida columba alba inest, quae sal metallorum vocatur, in quo magisterium operis consistit.）

關於「混沌」的提取與轉化，Christopher of Paris ("Elucidarius," *Theatr. Chem.*, VI, 228) 曾表示：「在此混沌內，珍貴的本質本性真正存在，潛藏於眾元素的單一渾沌體之中。因此，人類的理性應當要自我善用，將我們的天付諸實現。」（In hoc chaote profecto in potentia existit dicta pretiosa substantia natura in una elementorum unitorum massa confusa. Ideoque ratio humana in id incumbere debet ut coelum nostrum ad actum deducat.）「我們的天」（*Coelum nostrum*）指的是小宇宙，也稱為「第五元素」，「天」是完美無瑕的、不會損壞的，Johannes de Rupescissa (La Vertu et la Propriété de la Quinte Essence [Lyon, 1581], p. 18) 稱其為「人類之天」。很明顯的是，哲學家們將黃金、藍色圓的意象，轉變為他們「黃金哲學」（*aurum philosophicum*），將其稱之為 rotundum，可見 M. Majer, *De Circulo*, p. 15，此外也將此意象轉變為他們的藍色第五元素精質。

與香波的威廉（William of Champeaux, 1070-1121）同時代的 Bernardus Silvestris 證明，「混沌」、「大渾沌」這些詞彙在當時已普遍使用。他的作品 *De Mundi Universitate Libri duo sive Megacomus et Microcosmus* (ed. C. S. Barach and J. Wrobel [Innsbruck, 1876]) 具有廣泛的影響力，「原初物質的混成，也就是『材』」（pp. 5, 18）；「凝結的聚集物，無形的渾沌，難駕馭的物質，存在的表面，自身不協調的變色匯聚體」（pp. 7, 18）；「匯聚混體」（*Massa confusionis*）（pp. 56, 10）。Bernardus 也提到「降臨之靈」（*descensus spiritus*），內容如下：

當朱庇特（Jove）降臨到他新娘的膝上，
全世界都因此感動，將會促使土地生長。

有另一種變體，是一個「王」的觀念，其或沉沒、或深藏於海洋中（M. Majer, *Symb. aur. mens.*, p. 380; Visio Arislei, *Art. Aurif.*, I, 146 *et sqq.*）。

33 原註：舉例而言，水星墨丘利之神奇，會揭開「偽德摩克利圖」的祕密（Berthelot, *Alch. Grecs.*, I, 236）。

34 原註：J. de Rupescissa, *La Vertu*, etc., p. 19.

35 原註：Djābir 在 *Book of Compassion* 中表示，賢者之石等同於一個小宇宙（Berthelot, *La Chimie au Moyen Âge*, I, III, p. 179）。

36 原註：很難不認為，煉金術士們應深受教父文獻中寓言風格的影響，他們甚至宣稱某些教父乃是「王家技藝」（Royal Art）的代表，諸如大阿爾伯特（Albertus Magnus）、聖多瑪斯（Thomas Aquinas）、Alanus de Insulis 等人。像是 *Aurea Hora* 或 *Aurora Consurgens* 這樣的文獻裡，充滿著對經典的寓言性詮釋，此做法被認為是源自聖多瑪斯。水曾經被用來當作聖靈之比喻（*allegoria spiritus sancti*）：「水是聖靈的生氣恩典」（*Aqua viva gratia Sp. S.*）(Rupert abb. Migne, *Patrolog, Curs. Compl.*, CLXIX, 353)；「流水是聖靈」（*Aqua fluenta Sp. S.*）（S. Bruno Herbipol, *loc. cit.*, CXLII, 293）；「水是聖靈之注入」（*Aqua S. Sp. Infusio*）（Garner. de S. Victore, *loc. cit.*, CXCIII, 279）。水也是基督人性之比喻（*allegoria humanitatis Christi*）（S. Gaudentius, *loc. cit.*, XX, 985）。水經常是以露水形態出現（*ros Gedeonis*），露水也是一項基督之比喻：「在火之中看見露水」（*ros in igne visus est*）（S. Roman, *De Theophania* J. B. Pitra, *Analecta sacra*, etc. [Paris, 1876], I, 21）。「基甸（Gedeonis）的露水如今在世上流動」（*Nunc in terra ros Gedeonis fluxit*）（S. Roman, *loc. cit.*, p. 237）。

煉金術士們假設，永恆之水被賦予了某種被他們稱作「花朵」（*flos*）的德性，具有將物體轉化為精神的能力，並且賦予其永不腐壞的性質（*Turba Philosophorum*, ed. Ruska [1931], p. 197）。水也會被稱為「酸」（*acetum*）：「在上帝完成其工作之後，物質也遇上精神而被轉變為精神。」（*quo Deus perficit opus, quo et corpora spiritus capiunt et spiritualia fiunt*）（*Turba*, p. 126）水的另一個名字是「靈之血」（*spiritualis sanguis*）（*Turba*, p. 129），*Turba* 為十二世紀的早期拉丁文獻，是從第九、第十世紀的阿拉伯文作品處（Ruska）翻譯而來，然而，它的內容卻是起源於希臘化時代的（Hellenistic）文獻，因此基督教的「靈之血」典故可能是來自拜占庭（Byzantine）的影響。「永恆之水」就是墨丘利、水銀（*argentum vivum*）、汞（Hg）：「我們那活動的銀，是我們最清晰的水。」（*Argentum vivum nostrum est aqua clarissima nostra*）（"Rosarium Philosophorum," *Art: Aurif.*, II, 213）水也會被稱為「火」（ignis, *idem*, p. 218），物

質可以被水與火轉化，這與基督教洗禮（baptism）與精神轉化的觀念全然相似。

37 原註：Missale Romanum. 這個儀式很古老，被稱作「鹽與水的小（或大）祝福」（*benedictio minor (or major) salis et aquae*），大約始於八世紀。

38 原註：在「其子的女先知艾希斯」（Isis, the Prophetess to Her Son）之中（Berthelot, *Alch. Grecs.*, I, XII, 1 *et sqq.*）之中，有位天使為艾希斯帶來一罐裝滿透明之水（*arcanum*）的小容器，這明顯對應於赫密士摻和酒和水的雙柄大口罐（κρατήρ）('Ερμον πρός Τάτ, *Corp. Herm.*) 也同於佐西莫的智慧（νοῦς）(Berthelot, *Alch. Grecs.*, II, LI, 8)。在偽德摩克利圖的自然與神秘之道（φυσικά καί μυστικά）中（Berthelot, *Alch. Grecs.*, I, 65），據說聖水可以讓「隱藏的本性」浮出表面，由此造成轉化。在卡瑪瑞歐斯的作品裡，我們看到可以創造出新春天的神奇之水（Berthelot, loc. cit., II, 281）。

39 原註：多米尼克斯．諾希斯（in *Hermetis Trismegisti Tractatus vere Aureus*, etc., *cum Scholiis Dominici Gnosii*, 1610, pp. 44 and 101）在探討圓圈中的四者一體時，談到「我們雌雄同體的亞當米克斯」（*Hermaphroditus noster Adamicus*）。其中心處是「在敵手之間締和的協調者」（*mediator pacem faciens inter inimicos*），這顯然是個和解性的符號（見 *Psychological Types*, p. 264 *et sqq.*）。「雌雄同體者」（hermaphrodite）源自於「自體受精之蛇」（*draco se ipsum impraegnans*）（見 *Art. Aurif.*, I, 303），也就是墨丘利、世界靈魂。M. Majer, *Symb. aur. mens.*, p. 43 在處理「提亞納的阿波羅尼厄斯」（*Apollonius of Tyana*）時，引用了 *doctrina Brachmanorum*，見於 Berthelot, *Alch. Grecs.*, I, 87. 食尾蛇（οὐροβόρος）是雌雄同體的符號，也被稱為「雷比斯」（「由二所造」），其經常是透過一個神化形象呈現（例如可見 "Rosarium Philosophorum," *Art. Aurif.*, II, pp. 291 and 359 the same in *Pandora* [1588], pp. 253）。

40 原註：在 *Aurea Hora* (Pt. I) 當中引用了長者的話：「有一事物永

不死亡，因為它的生命會持續增長，當最終死者復活時，其肉體會獲得榮耀……此時，第二亞當就會告訴第一亞當以及其子孫：『你蒙我父之祝福而來。』」（Est unum quod nunquam moritur, quoniam augmentatione perpetua perse verat; cum corpus glorificatum fuerit in resurrectione novissima mortuorum. . . . Tunc Adam secundus dicet priori et filiis suis: Venite benedicti patris mei," etc.）(*Cod. Rhenovac*, Zentralbibl., Zürich).

41 原註：舉例而言，煉金術士 Alphidius 的說法是：「其中誕生了『現代之光』（*Lux moderna*），世界上沒有任何一種光可與之相較。」（*Lux moderna ab eis gignitur, cui nulla lux similis est per totum mundum*）(«Rosarium Philosophorum, *Art. Aurif.*, II, 248 the same Hermes, *Tract. Aur.*).

42 譯註：衛禮賢（1873-1930）為德國著名漢學家，最知名的成就是將《易經》等中文經典譯為德文，與榮格合著《黃金之花的祕密》（*Secret of the Golden Flower*）。

43 原註：*Secret of the Golden Flower.*

44 原註：見 A. E. Waite, *The Secret Tradition in Alchemy* (1926).

45 原　註：*Psychological Factors Determining Human Behavior*. Harvard Tercentenary Publications, 1936.

46 譯註：別西卜是《新約聖經》中的「鬼王」。

中西文對照表

A

a priori　先驗

absolute totality　絕對總體性

absolutism　絕對主義

acetum　酸

active imagination　主動想像

Acts of Thomas　《托馬斯行傳》

Adam Kadmon　原質亞當

Adolf Bastian　阿道夫・巴斯蒂恩

Albertus Magnus　大阿爾伯特

alchemist　煉金術師

all-consciousness　神聖的覺悟

allegoria Christi　基督之比喻

alter ego　第二自我

amok　狂暴

Anabaptistis　再洗禮派

analytical psychology　分析心理學

androgynous　亦雄亦雌

anima　阿尼瑪

anima media natura　自然的中介靈體

anima mundi　世界靈魂

Animism　萬物有靈

animus　阿尼姆斯

Anna Kingsford　安娜・金斯佛德

anthropologist　人類學家

Anthropos　人子

Apuleius　阿普列尤斯

aqua permanens　永恆之水

arcanum　透明之水

archetypal motive　原型動機

archetype　原型

Archimedean point　阿基米德支點

argentum vivum　水銀

assimilation　同化

association experiment　聯想實驗

Athanasius　安納坦休斯

Attis　阿提斯

atheism　無神論

Aurea Hora　《黃金時刻》

aurum philosophicum　黃金哲學

aurum philosophorum　賢者之石

autochthonous　自源的

autonomous personality　自主人格

B

Baalzebub　別西卜

Babylonian　古巴比倫的

beata　有福者

benedictio fontis　祝福之泉

Bernard Shaw　蕭伯納

berserk　狂戰士

benedictio fontis　祝福之泉

Bolshevism　布爾什維克黨

Buchman　布克曼

Buddha　佛陀

Byzantine　拜占庭

C

caduceus of Aesculapius　亞斯克勒庇俄斯之杖

Caspar Peucer　卡斯珀・佩瑟

catégories　範疇

Catholic　天主教

causa instrumentalis　工具性原因

causa ministerialis　執行性原因

celestial circle　天圓

center　中心點

Châlis　薛里

Chant du Pélerinage de l'Âme　〈靈魂朝聖頌歌〉

chaos confusum　混混沌沌

chlorophyll　植物王國

Cicero　西賽羅

ciel d'or　金天

circulus quadratus　化圓為方

citrinitas　黃階段

Codex Brucianus　《布魯斯典》

codices graeci　希臘典籍

Coelum nostrum　我們的天

collective man　集體性的個人

columba spiritus sancti　聖靈之鴿

complete person　完整人格

complex　情結

conjunctio　連結

Connecticut　康乃狄克州

conscious ego　意識的自我

conscious intention　意識的意圖

consciousness　意識

consensus gentium　公眾的共識

conservatism　保守主義

conversion　皈信

content　內容

Coptic Gnostic　科普特諾斯替派

Corpus Hermeticum　《赫密士文集》

creed　信條

crypto-Calvinism　隱晦克爾文主義

Cybele　希柏莉

D

dealbatio　白階段

dehumanize　去人性化

demiurge　戴米烏爾

demoralization　精神低落

denomination　教派

descensus spiritus　靈體降臨

despiritualization　去靈化

diabolica fraus　魔鬼的矇騙

Dionysian　戴奧尼修斯式

Dionysos　戴奧尼修斯

dissociation of personality　人格分裂

divine grace　神恩

director of conscience　神師

donum spiritus sanct　聖靈的禮物

dorje　金剛閃電

Drummond　莊蒙德

Dwight Harrington Terry　德懷特・哈靈頓・泰瑞

E

ecstasy　狂喜

Edward Maitland　愛德華・麥特蘭

ego personality　自我人格

egocentricity　自我中心

Elixir　萬靈藥

elixir vitae　長生不老藥

Emerson　愛默生

Empedoclean　恩貝多克利的

empiricist　經驗主義者

enlightened rationalism　啟蒙理性主義

Epicurean　伊比鳩魯式

epiphenomenal　附屬現象的

ethnological　民族學的

Eve　夏娃

ex officio　執事者

Ezekiel 以西結

F

fact 事實

father-complex 戀父情結

Faust 浮士德

Felicia Froboese 菲里西亞・富羅伯斯

female minority 雌性少數

Feuerzauber 〈火魔法〉

filius sapientiae 智慧之子

flos 花朵

fons signatus 祕密噴泉

four radices 四根

fragmentary personalities 片面人格

Freud 佛洛伊德

G

gemütliche 舒適

Genesis 創世紀

genius religiosus 宗教天分

Gilgamesh 吉格彌斯

Gnostic philosophy 諾斯替哲學

God 上帝

God-Man 神一人

Goethe　歌德

golden heaven　黃金蒼穹

gratia adiuvans　輔恩

gratia sanctificans　聖化恩寵

Gregory　格列高里

Guillaume de Digulleville　紀堯姆・德・迪古勒維爾

H

habitudes directrices de la conscience　意識的引導性習慣

half-conscious　半意識

half-hearted　半心思

Hagia Sophia　聖智堂

Heinrich Scholz　海因里希・史戈爾茲

Heraclitus　赫拉克里圖斯

hermaphroditic　雌雄同體

Hermes　赫密士

Hermes psychopompos　赫密士靈魂嚮導

Hermes Trismegistos　三重偉大的赫密士

Hermetic　赫密士派

Hermetis Tractatus Aureus　《赫密士黃金契約》

historical model　歷史模型

Homilies of Origenes　《奧利堅的佈道》

homo Adamicus　亞當米克斯人

homo philosophicus　哲學人

homo religiosus　宗教人

homoousia　同性同體

horoscope　天宮圖

hortus conclusus　封閉花園

hortus deliciaru　《快樂花園》

Horus　荷魯斯

Hosea　何西阿

Hubert　俞貝爾

Hyle　材

hysterical fever　歇斯底里式發燒

I

Ibn Sina　伊班辛那

iconoclast　聖像破壞者

iconology　圖像學

idealism　觀念論；理想主義

imaginata in nature　自然的成像

Immaculate Conception　始孕無玷

immediate experience　直接經驗

immediate life　直接的生命

Imperium Romanum　羅馬帝國

impersonal　非人格的

in saecula saeculorum　永遠的時間

ineffable totality　不可名狀的整體

infantile sexuality　幼兒性慾

inner experiences　內在經驗

instinctive personality　本能人格

intercessio　代禱

invocation　祈禱

iota subscriptum　下標音

J

Jewish prophet　猶太先知

Johannes de Rupescissa　盧佩西撒的約翰尼

joie de vivre　人生之樂

judgement　判斷

K

Kabires　卡必瑞

Karpokrates　卡波克拉底

Kleopatra　克麗奧佩脫拉

Komarios　卡瑪瑞歐斯

Kybele　希柏莉

L

lapis　天藍

le ciel humain　人類之天

Le Pélerinage de la Vie Humaine, de l'Âme et de Jésus Christ　《對人生、對靈魂、對耶穌基督的朝聖》

Lévy-Bruhl　列維布爾

Leyden papyri　《萊登紙莎草紙集》

loco dei　神的位置

lumen luminum　光中之光

M

macrocosm　大宇宙

magisterium　教會訓導權

magistery　精純變化

malade imaginaire　幻想得病者

mana　瑪那

mandalas　曼荼羅

Mani　摩尼教

Maria　瑪麗亞

massa confusa　大渾沌

Massa confusionis　匯聚混體

matrix　母體

Mauss　默斯

medical psychology　醫療心理學

medicina catholica　普世之藥

melothesiae　人體占星圖

mental epidemic　精神性流行病

mental life　精神生命

mental organism　精神有機體

Mercurius　墨丘利

Mercury　墨丘利

metamorphoses　變形

metaphysical　形上學式

microcosm　小宇宙

mind　心智

missa cantata　頌唱彌撒

Mithras　米士樂

mob instinct　暴民本能

Mohammed　穆罕默德

Monad　單子

monas catholica　普世唯一

Monogenes　獨生者

mothe of dragons　龍之母

Mt. Elgon　埃爾貢山

mungu　孟古

mutual projection　相互投射

N

naïveté of faith　信仰的純真

neurosis　精神官能症

New Haven　紐哈文

New Jerusalem　新耶路撒冷

Nietzsche　尼采

nigredo　黑階段

nonego　非自我

numinosum　聖祕

O

objet circulaire　圓形體

onesideness　片面性

oneiromancy　占夢術

Only-Begotten　唯一後裔

opus divinum　每日禮拜

opus magnum　偉大傑作

original chaos　原初混沌

original experience　原初經驗

P

padma　圓形紅蓮

paganism　異教主義

panacea　萬靈丹

panspermia　泛種論

paradigmatic case　範型案例

pathological　病理的

Paul　保羅

Pax Romana　羅馬和平

penchant　偏好

perpetuum mobile　永恆運動

Petrus Bonus　彼得・波諾斯

phenomenological　現象學的

phenomenology　現象學

philologist　語言學家

philosophia　哲學

physis　自然

pistis　信仰

Plato　柏拉圖

Platonic　柏拉圖式

Pliny　普林尼

pneuma　氣

practical psychology　實用心理學

preconscious　前意識

prima materia　第一物質

primordial　原初性

project　投射

Protestant schism　新教教派分裂

Protestantism　（基督）新教
pseudo-Avicenna　偽阿維森納
Pseudo-Demokritos　偽德摩克利圖
Pseudo-Thomasian　偽聖多瑪斯派的
psyche　心理；精神；心靈
psychic agency　心理媒介
psychic existence　心理性存在
psychic organism　精神有機體
psychic personality　心靈人格
psychical function　心理功能
psychical intensity　心理強度
psychical life　精神生活
psychological process　心理歷程
psychical structure　心理結構
psychical subject　心理主體
psychological condition　心理狀態
psychological existence　心理性存在
psychological process　心理歷程
psychologism　心理主義
psychologist　心理學家
psychology　心理學
psychopathology　精神病理學

psychosomatic disorder 身心失序

psychotherapy 心理治療

Pythagorean 畢達哥拉斯學派的

Q

quadratura circuli 化圓為方

quaternarium or quaternity 四者一體

quinta essentia 第五元素

R

R. F. C. Hull 赫爾

ragtime 雷格泰姆

Rebis 雷比斯

really human 真正的人

relativism 相對主義

religious symbolism 宗教象徵符號

Renaissance 文藝復興

représentations collectives 集體象徵

represse 潛抑

resignation 聽天由命

revelation 啟示

rex gloriae 榮耀統治者

Rhodesia 羅德西亞

Richard Wilhelm 衛禮賢

rosa mystica　神祕玫瑰

Rosarium Philosophorum　《哲學家玫瑰經》

rotunda　圓

rubefactio　紅階段

Rudolf Otto　魯道夫・奧圖

S

sabbathum sanctum　聖安息日

sacrament　聖禮

sacramentum ex opera operato　聖禮作用

Saint Joan　《聖女貞德》

scientific empiricism　科學經驗主義

scientific enlightenment　科學啟蒙

scintilla　星火

second Adam　第二亞當

seleteni　賽拉特尼

self　自體

semiconscious　半意識的

Setheus　賽瑟斯

Shakti　莎克蒂

Shiva　濕婆神

siècles　百年

sine qua non　必要條件

somnia diabolic generis　魔鬼生成之夢

somatic man　肉體的人

soul's life　靈魂生活

Sophia-Sapientia　大智慧

spirit　靈體

spiritualis sangui　靈之血

spiritualization　屬靈化

spiritus　氣

St. Anthony　聖安東尼

St. Augustine　聖奧古斯丁

State prison　國家監獄

State slavery　國家奴隸制度

statistical criminal　統計學上的罪犯

stimulus-words　刺激字詞

streng Gebilde　嚴密結構

sublimation　昇華

subtle body　靈身

superordinated self　高層自我

suppress　壓抑

supra-celestial waters　天上之水

Syzygia　神聖連結

T

tabooed area　禁忌領域

Talmud　《塔木德》

temenos　神聖園地

tetraktys　聖十結構三角

Tetramorphus　四獸

the God within　內在的上帝

the unconscious　無意識

the Unknown　未知者

theocracy　神權政治

theologia naturalis　自然神學

theoria　理論

Thomas Aquinas　聖多瑪斯

Thot　透特

Thracian　色雷斯人

Thus Spake Zarathustra　《查拉圖斯特拉如是說》

Timaeus　《蒂邁歐篇》

tinctura　藥液

Toledo　特雷多

Toni Wolf　童妮・沃爾夫

totaliteraliter　全然的另一位

trance　出神

tremendum　令人畏懼者

Trinity　三位一體

truth　真相

triumphant Christ　勝利基督

Turba Philosophorum　《哲學家集會》

U

unconscious content　無意識內容

unconscious processes　無意識歷程

unknown man　未知之人

Upanishads　《奧義書》

unquenchable fire　不會熄滅的火

V

vas devotionis　虔奉容器

vas hermeticum　赫密士的容器

virgin birth　童女生子

volatilia　易變

W

Wagner　華格納

Weltanschauung　世界觀

will to power　權力意志

William James　威廉・詹姆斯

William of Champeaux　香波的威廉

Wotan　奧丁

Wotanistic revolution　奧丁式革命

Y

yantras　咒具

yoga　瑜伽

yogi　瑜伽士

Z

Zagreus　札格柔斯

Zarathustra　瑣羅亞斯德

zodiac　黃道

zoology　動物學

Zosimos　佐西穆斯

Zurich　蘇黎世

其他

ἀσώμαῖα　無形之體

βαφή　紅液

δεισιδαιμονία　迷信

εὐδαιμονέστατος θεό　圓滿之神

θεοτόκο　or Mater Dei　神之母

μητρόπολις　母親之城

Πίστις　虔信

πῦρ ἀείζωον　宇宙靈火

ῥιζώματα　根

σπινθήρ　閃光

σφαῖρος　球體

τὰ φυσικὰ καὶ τὰ μυστικά　物理與祕密

τέμενος　神殿之地

τετρακτύς　聖十結構三角形

τετράπεζα　四足體

τὸ σώματον　有形之體

ὕθωρ θεῖον　神聖之水

國家圖書館出版品預行編目資料

榮格論心理學與宗教 / 卡爾．榮格（Carl G. Jung）著 ; 韓翔中譯.
-- 初版. -- 臺北市 : 商周出版 : 家庭傳媒城邦分公司發行, 民2020.09
面 ; 公分
譯自：Psychology and Religion
ISBN 978-986-477-898-0（平裝）
1. 榮格(Jung, C. G.(Carl Gustav), 1875-1961)　2.心理學　3.宗教
170.181　　109011685

榮格論心理學與宗教

原著書名 / Psychology and Religion
作者 / 卡爾．榮格（Carl G. Jung）
譯者 / 韓翔中
企畫選書 / 林宏濤
責任編輯 / 梁燕樵

版權 / 吳亭儀、林易萱
行銷業務 / 周佑潔、周丹蘋、賴正祐
總編輯 / 楊如玉
總經理 / 彭之琬
事業群總經理 / 黃淑貞
發行人 / 何飛鵬
法律顧問 / 元禾法律事務所　王子文律師
出版 / 商周出版
城邦文化事業股份有限公司
臺北市中山區民生東路二段141號9樓
電話：(02) 2500-7008 傳眞：(02) 2500-7759
E-mail：bwp.service@cite.com.tw
Blog：http://bwp25007008.pixnet.net/blog
發行 / 英屬蓋曼群島商家庭傳媒股份有限公司城邦分公司
臺北市中山區民生東路二段141號11樓
書虫客服服務專線：(02) 2500-7718．(02) 2500-7719
24小時傳眞服務：(02) 2500-1990．(02) 2500-1991
服務時間：週一至週五09:30-12:00．13:30-17:00
郵撥帳號：19863813　戶名：書虫股份有限公司
讀者服務信箱E-mail：service@readingclub.com.tw
歡迎光臨城邦讀書花園　網址：www.cite.com.tw
香港發行所 / 城邦（香港）出版集團有限公司
香港九龍九龍城土瓜灣道86號順聯工業大廈6樓A室
電話：(852) 2508-6231　傳眞：(852) 2578-9337
馬新發行所 / 城邦(馬新)出版集團 Cité (M) Sdn. Bhd.
41, Jalan Radin Anum, Bandar Baru Sri Petaling,
57000 Kuala Lumpur, Malaysia
電話：(603) 9057-8822　傳眞：(603) 9057-6622

封面設計 / 廖韡
排版 / 新鑫電腦排版工作室
印刷 / 韋懋實業有限公司
經銷商 / 聯合發行股份有限公司
電話：(02) 2917-8022　傳眞：(02) 2911-0053
地址：新北市231新店區寶橋路235巷6弄6號2樓

■2020年9月初版1刷
■2024年1月初版2.1刷
定價 320元

Printed in Taiwan
城邦讀書花園
www.cite.com.tw

ISBN　978-986-477-898-0

廣　告　回　函
北區郵政管理登記證
台北廣字第000791號
郵資已付，免貼郵票

104台北市民生東路二段141號2樓
英屬蓋曼群島商家庭傳媒股份有限公司　城邦分公司

請沿虛線對摺，謝謝！

書號：BK7095　**書名：**榮格論心理學與宗教　**編碼：**

請於此處用膠水黏貼

讀者回函卡

不定期好禮相贈！
立即加入：商周出版
Facebook 粉絲團

感謝您購買我們出版的書籍！請費心填寫此回函卡，我們將不定期寄上城邦集團最新的出版訊息。

姓名：＿＿＿＿＿＿＿＿ 性別：☐男 ☐女

生日：西元＿＿＿＿年＿＿＿＿月＿＿＿＿日

地址：＿＿＿＿＿＿＿＿

聯絡電話：＿＿＿＿＿＿ 傳真：＿＿＿＿＿＿

E-mail ：

學歷：☐ 1. 小學 ☐ 2. 國中 ☐ 3. 高中 ☐ 4. 大學 ☐ 5. 研究所以上

職業：☐ 1. 學生 ☐ 2. 軍公教 ☐ 3. 服務 ☐ 4. 金融 ☐ 5. 製造 ☐ 6. 資訊
☐ 7. 傳播 ☐ 8. 自由業 ☐ 9. 農漁牧 ☐ 10. 家管 ☐ 11. 退休
☐ 12. 其他＿＿＿＿＿＿

您從何種方式得知本書消息？

☐ 1. 書店 ☐ 2. 網路 ☐ 3. 報紙 ☐ 4. 雜誌 ☐ 5. 廣播 ☐ 6. 電視
☐ 7. 親友推薦 ☐ 8. 其他＿＿＿＿＿＿

您通常以何種方式購書？

☐ 1. 書店 ☐ 2. 網路 ☐ 3. 傳真訂購 ☐ 4. 郵局劃撥 ☐ 5. 其他＿＿＿

您喜歡閱讀那些類別的書籍？

☐ 1. 財經商業 ☐ 2. 自然科學 ☐ 3. 歷史 ☐ 4. 法律 ☐ 5. 文學
☐ 6. 休閒旅遊 ☐ 7. 小說 ☐ 8. 人物傳記 ☐ 9. 生活、勵志 ☐ 10. 其他

對我們的建議：＿＿＿＿＿＿＿＿

＿＿＿＿＿＿＿＿

＿＿＿＿＿＿＿＿

【為提供訂購、行銷、客戶管理或其他合於營業登記項目或章程所定業務之目的，城邦出版人集團（即英屬蓋曼群島商家庭傳媒（股）公司城邦分公司、城邦文化事業（股）公司），於本集團之營運期間及地區內，將以電郵、傳真、電話、簡訊、郵寄或其他公告方式利用您提供之資料（資料類別：C001、C002、C003、C011 等）。利用對象除本集團外，亦可能包括相關服務的協力機構。如您有依個資法第三條或其他需服務之處，得致電本公司客服中心電話 02-25007718 請求協助。相關資料如為非必要項目，不提供亦不影響您的權益。】

1.C001 辨識個人者：如消費者之姓名、地址、電話、電子郵件等資訊。
2.C002 辨識財務者：如信用卡或轉帳帳戶資訊。
3.C003 政府資料中之辨識者：如身分證字號或護照號碼（外國人）。
4.C011 個人描述：如性別、國籍、出生年月日。

請於此處用膠水黏貼